슈퍼 포지셔닝의 전략가들

이 책을 사랑하는

김홍, 김수 그리고 해진에게 바칩니다.

슈퍼 포지셔닝의 전략가들
초파격의 차별화를 만드는 래디컬 컨셉의 법칙

ISBN 979-11-93406-06-9

김동욱 지음

래디시

추천의 말

브랜드가 아니다. 전략이다. 요즘 브랜드들의 '어떻게?'의 공식이 궁금하다면 이 책에서 답을 찾을 수 있을 것이다.

- 김상현, 이마트24 CMO

골리앗과 싸우는 세상의 수많은 다윗들에게 보내는 '용기'에 대한 헌사

- 신나라, 퀸잇 브랜드 그룹 리드

이 책을 읽는 요령은 따로 있다. 첫 번째는 있는 그대로, 두 번째는 '브랜드'라는 단어를 '나'로 바꿔서 읽어보자. 매력 터지는 인생이 되는 건 시간문제다. 뭐 이런 책이 다 있지?

- 어예진, SBS 라디오 〈어예진의 방과후 목돈연구소〉 진행자

반성한다. 나는 얼마나 래디컬 했는가? 상황에 굴복하고, 환경에 순응하고, 현상에 집착하지 않았는가? 이 책은 늘 책상 위에 올려두어 무디어지고 약해지고 돌파구가 필요할 때마다 읽고 싶은 책이다. Be Radical!

- 염철, 이노션 국내BX 부문장 전무

브랜드 포화 상태인 시장에서 살아남고 각인되는 브랜드들은 무엇이 다를까? 많은 실패한 브랜드의 진짜 문제는 문제가 뭔지 잘 모른다는 것이다. 이 책은 소비자들 마음속의 충돌하는 욕구를 발견하고 래디컬하게 접근해 슈퍼 포지셔닝에 성공한 다양한 브랜드들을 흥미진진하게 소개하고 그 동력이 된 컨셉과 전략의 힘을 독자들에게 전수한다.

- 이자연, 한양대학교 미디어커뮤니케이션학과 교수

광고 산업은 본질적으로 끊임없는 변화와 혁신을 요구하는 영역이다. 하지만 오늘날의 시장은 단순한 개선이 아니라 기존의 질서를 근본적으로 뒤흔드는 '래디컬한 혁신'을 요구하고 있다. 저자는 오랜 시간 광고 현장에서 쌓아온 인사이트와 문제의식을 바탕으로 점진적 개선이 아닌 시장 자체를 재정의하는 광고적 상상력을 설득력 있게 풀어내고 있다. 또한 세계를 바꾼 혁신가들과 전략가들의 실제 사례를 통해 어떻게 파괴적 사고가 불확실한 시대의 돌파구가 될 수 있는지를 생생하게 보여준다. 이 책은 단순한 광고 전략서가 아니다. 변화를 두려워하기보다 변화를 주도하고자 하는 이들, 그리고 광고의 본질과 미래에 대해 진지하게 고민하는 독자라면 꼭 읽어야 할 책이다.

- 이장석, 가천대 미디어커뮤니케이션학과 교수

누구나 전에 없던 메시지로 임팩트 있는 래디컬 컨셉의 마케팅을 하고 싶어 한다. 그러나 이를 수행하기에는 조직의 위계와 의사결정 구조, 리스크 회피형 광고주, 시장의 피드백에 대한 두려움 등 다양한 로드블럭이 우리의 열정을 식게 만든다. 전쟁터와 같은 마케팅 현장에서의 필드 경험을 바탕으로 무장한 저자는 언제 어디서든 당장 적용할 수 있는 래디컬 컨셉 마케팅에 대한 실질적인 방법론을 소개한다. 자주 꺼내어 보는 곳에 비치해둘 수밖에 없는 최고의 실용서로 강권한다.

-조용민, 언바운드랩 대표

모든 브랜드가 말하지만, 기억되는 브랜드는 드물다. 고민 많은 요즘 시대의 마케터들에게 이 책은 브랜드가 어떻게 더 선명하게 기억될 수 있는지를 보여준다. 여기서 말하는 '래디컬함'은 단순한 파격이 아니라 조직의 정체성을 뚜렷하게 세우는 전략에서부터 출발한다. 브랜드를 설계하는 사람은 물론, 자신만의 기준을 고민하는 사람에게 선택의 방향을 제시해주는 책이다.

- 차하나, 네이버 웹툰 User Communications VP

저자는 오랜 광고 회사에서 쌓은 경험을 토대로 래디컬한 생각의 필요성을 적절한 사례를 통해 소개하고 있다. 자신의 브랜드, 서비스, 혹은 아이디어를 세상에 알리고 싶은 독자들에게 어떻게 하면 사람들의 관심을 끌고 기억에 남는 존재가 될 수 있는지에 대한 방향 또한 명확히 제시해주고 있다. 평범함을 벗어나 세상의 차이를 만들고 싶다면 꼭 읽어볼 것을 추천한다.

- 최영섭, 차이커뮤니케이션 대표

브랜드의 퀀텀점프(quantum jump)를 경험하고 싶다면 이 책에서 멋진 도약대를 발견할 수 있을 것이다.

- 허웅, 오리콤 브랜드전략연구소 소장

Prologue
당신의 비즈니스는
충분히 래디컬한가요?

2050년, 화성에서 첫 아이가 태어날 것이라고 일론 머스크는 말합니다. 터무니없는 망상이라고요? 하지만 잠시 생각해보세요. 불과 20년 전만 해도 전기차는 실험실의 장난감 취급을 받았고, 민간 우주여행은 공상 과학 소설에나 나올 법한 이야기였습니다. 오늘날 테슬라(Tesla)는 자동차 산업을 재정의했고, SpaceX의 로켓은 정기적으로 우주를 오가고 있습니다.

래디컬(Radical, 급진적인, 혁명적인)한 혁신이 더 이상 선택이 아닌 시대가 왔습니다. 시장은 '더 좋은' 제품이나 '더 효율적인'

서비스만을 원하지 않습니다. 소비자들은 완전히 새로운 차원의 경험을, 이전에는 상상도 하지 못했던 가능성을 갈망합니다. 이러한 환경에서 점진적 개선은 더 이상 생존을 보장하지 않습니다.

일론 머스크의 화성 프로젝트는 단순한 우주 탐사가 아닙니다. 인류의 생존 반경을 지구에서 우주로 확장하는 거대한 도전입니다. 불가능해 보이는 목표를 설정하고, 그것을 향해 모든 자원과 열정을 쏟아붓는 것. 이것이 바로 파격적이고 급진적인 래디컬 전략의 본질입니다.

당신의 비즈니스는 어떤가요? 경쟁사보다 조금 더 나은 제품을 만드는 것에 만족하고 있나요? 기존 시장의 규칙을 따르며 안정적인 성장을 꿈꾸고 있나요? 하지만 그것으로는 부족합니다. 오늘날의 시장은 게임의 규칙 자체를 바꾸는 플레이어들의 것입니다.

이 책은 단순한 경영 전략서가 아닙니다. 생존 설명서입니다. 우리는 전례 없는 불확실성의 시대를 살아가고 있습니다. 인공지능은 전통적인 일자리를 대체하고 있고, 기후 변화는 전 산업의 재편을 요구하고 있으며, 팬데믹은 우리의 일상적인 생활을 완전히 뒤흔들어 놓았습니다. 이러한 환경에서 살아남기 위해서는 근본적인 변화가 필요합니다.

이 책은 당신에게 불편한 질문을 던질 것입니다. 당신의 전략은 충분히 래디컬한가요!? 시장을 따라가는 것이 아닌 재정의할 준비가 되어 있나요? 실패의 위험을 감수하면서까지 혁신을 추구할 용기가 있나요?

우리는 세계를 바꾼 혁신적 전략가들의 이야기를 통해, 어떻게 불가능을 가능으로 바꿀 수 있는지 살펴볼 것입니다. 무엇보다 당신의 비즈니스를 어떻게 래디컬한 혁신의 장으로 탈바꿈시킬 수 있는지에 대한 구체적인 전략들을 제시할 것입니다.

준비되었나요? 당신의 비즈니스를 완전히 새로운 차원으로 끌어올릴 여정을 시작해봅시다.

차 례

추천의 말 004

Prologue 당신의 비즈니스는 충분히 래디컬한가요? 009

Part 1. 트렌드를 따라가면 죽고, 전략을 세우면 산다

1. 트렌드로는 이길 수 없다

잠시 왔다 가는 트렌드를 좇는 아이러니	019
언더독이라면 반드시 전략이 필요하다	021
시대를 이기는 래디컬 컨셉 전략	024
초파격의 차별을 만들어내는 힘	028

2. 극단적인 컨셉으로 이긴 전략가들

골리앗을 이기는 미친 자가 될 것	033
하드코어해야 산다	036
가치 있는 경험이면 충분하다	042

3. 미션, 철학, 사명으로 초격의 브랜드를 만든 전략가들

괴상한 물고기를 만들지 말 것	051
선한 의도만으로 파격이 된다	053
빅 브라더에 대항하는 브랜드가 유일한 대안이 된다	060

4. 초현실적인 경험으로 소비자의 지갑을 여는 전략가들

강렬한 보랏빛 소를 보여줄 것	069
웬만해선 그들을 자극할 수 없다	071
완벽하지 않아서 특별한 기억이 된다	075

5. 강력한 제품력으로 차별성을 획득한 전략가들

잘파세대에게 신뢰를 보여줄 것 083
품질로 증명해야 신뢰를 얻는다 085
압도적인 기능으로 명품이 된다 090

6. 내 편을 확실하게 챙겨서 이긴 전략가들

프러포즈는 한 명에게만 할 것 099
좋아하거나 싫어하거나, 논쟁을 만든다 102
집요한 타기팅으로 내 편은 확실히 챙긴다 107

7. 인류 역사상 가장 불안한 세대를 팬으로 만든 전략가들

잘파세대를 철저하게 지지해줄 것 117
속 깊은 친구처럼 다가간다 120
상품을 팔기 전에 마음을 파헤친다 126

8. 진정성으로 승부를 본 전략가들

날것 그대로의 진실을 선택할 것 135
완벽한 거짓보다 불완전한 진실을 선호한다 137
진실을 폭로할 때 무기가 된다 141

9. 극한의 고통으로 위대한 혁신을 만들어낸 전략가들

혁신의 가장 강력한 연료를 찾을 것 147
익숙함에 지지 않는 선택을 한다 149
벼랑 끝에서 혁신의 첫걸음이 시작된다 153

Part 2. 래디컬 컨셉은 어떻게 만들어지는 걸까?

1. 전략은 무엇이고 컨셉은 무엇인가

이기는 브랜드를 만드는 단 두 가지 163
래디컬 전략은 래디컬 컨셉에서 나온다 165
강력한 컨셉은 문제를 해결한다 168

2. 진짜 문제는 문제가 뭔지 모른다는 것

문제라는 과녁을 조준하기 173
문제 뒤에 숨겨진 본질을 찾는다 176
문제 '점' 찾기 178

3. 진짜 문제를 찾게 해주는 마법의 기술

해결책을 연상하는 법 183
1단계: 문제를 의심하고 질문하기 185
2단계: 사실과 현상을 제외하기 191
3단계: '왜 해야 하지?'를 질문하기 194

4. 해결책을 래디컬 컨셉으로 표현하기

극단적이고 파격적으로 컨셉을 표현하는 네 가지 방법 201
은유의 법칙으로 슈퍼 키워드 만들기 203
낯선 두 단어의 기괴한 임팩트 만들기 209
치트키가 되는 숫자의 법칙 214
정반대 키워드로 표현하기 218

Part 3. 혁신을 만들어내는 위대한 전략가의 애티튜드

1. 어려운 일을 기어코 해내는 사람들

태도가 인생의 고도를 결정한다 — 227

문제를 주도적으로 해결하려는 태도 — 230
: 책임감은 신뢰를 만든다

한결같은 태도 — 234
: 롱런의 이유

어려운 일을 마주할 때 용기를 내는 태도 — 237
: 제가 해볼게요

거절을 대하는 태도 — 241
: No는 실패가 아니다

마음먹은 대로 해내고자 하는 태도 — 246
: 누군가에게 도움이 되고 싶어

남들이 하지 않는 걸 꾸준히 축적하는 태도 — 251
: 지금, 당장, 매일 업로드해

Epilogue 래디컬의 시대를 살아가는 당신에게 — 255

Part 1:

트렌드를 따라가면 죽고, 전략을 세우면 산다

1.

트렌드로는 이길 수 없다

잠시 왔다 가는 트렌드를
좇는 아이러니

2024년, 가장 핫했던 프랜차이즈는 바로 '탕후루' 매장이었습니다. 누구보다 빠르게 흥했고 순식간에 쇠퇴했기 때문입니다. 처음 탕후루가 인기를 끄는 것을 보고 과거 '대왕 카스텔라'를 떠올렸습니다. 대왕 카스텔라처럼 탕후루 역시 빠르게 사라지는 트렌드의 일부분일 뿐이라 생각을 했지요. 하지만 수많은 사람들이 수천만 원을 들여 탕후루 프랜차이즈 매장을 창업하고 또 동시에 폐업을 했습니다.

20년 이상 광고 회사의 기획자로 일하며 많은 트렌드를 섭렵해본 결과, '이미 내가 알고 남도 아는 트렌드로는 절대로 돈을 벌 수 없다'는 결론을 내렸습니다. 트렌드를 따라가는 것만으로는 절대로 퍼포먼스를 낼 수 없습니다. 잠시의 퍼포먼스를 낼 수 있을지언정, 지속 가능성은 없다는 것을 깨달았습니다.

트렌드는 잠시 왔다 가는 바람과 같습니다. 지금 부는 이 바람이 영원하지 않은 것이지요. 트렌드를 따라가는 순간 이미 뒤쳐져 있는 자신을 발견한 적이 한두 번이 아닙니다. 그래서 저는 트렌드를 보기는 하되, 그걸 제 일과 삶에 접목시키진 않습니다. 이전 세대보다 모바일이 발달한 요즘은 더욱더 트렌드가 빨리 오고 빨리 사라집니다. 이번 달에 유행했더라도 다음 달이면 사라지는 게 요즘 말하는 트렌드입니다. 트렌드는 여러분의 비즈니스의 지표가 되지 못합니다. 이젠 지속 가능성, 즉 오래 견디며 살아남을 수 있는 것이 더 중요해진 시대입니다. 그러면 어떻게 해야 할까요?

우리는 언제 어디서나 경쟁을 하며 살고 있습니다. 이 경쟁에서 살아남으려면 싸워서 이기는 법을 배워야 합니다. 갈수록 더 어렵고 복잡해진 이 비즈니스의 경쟁에서 회피하거나 도망가지 말고, 맞서 싸워 사라지지 않을 전략을 세워야 합니다.

언더독이라면
반드시 전략이 필요하다

네이버 웹툰 중 〈1등급 싸움과외〉를 가장 즐겨 봅니다. 저는 언더독의 이야기를 좋아합니다. 학교 폭력을 당하는 셔틀 '찐따'가 싸움의 전략을 배워서 그 전략에 따라 일진들을 하나씩 무찌르는 웹툰입니다. 얼핏 보기엔 꽤나 비현실적으로 보이지만, 언뜻 보면 통할 것도 같은 싸움 전략에 대한 이야기를 담고 있지요. 그래서 좋아합니다. 싸움을 전혀 모르는 사람이 전략만 알아도 자신보다 강자를 이길 수 있다는 설정이 무척이나 마음에 듭니다.

   저뿐 아니라 대부분의 사람들은 언더독이 역경을 딛고

일어나서 탑독을 이기는 이야기를 좋아합니다. 다윗과 골리앗은 이스라엘의 역사 속 인물임에도 불구하고 전 세계인이 아는 전설적인 언더독의 이야기지요. 우리는 왜 언더독의 이야기에 열광하는 걸까요?

언더독은 탑독을 이기기 위해서 강 대 강으로 붙지 않습니다. 다윗도 그랬습니다. 다윗은 처음부터 골리앗과 같이 칼과 창, 그리고 갑옷으로는 이길 수 없다고 판단합니다. 골리앗이 힘은 절대적으로 강할지는 모르지만 덩치가 크기 때문에 스피드는 떨어진다는 약점을 파악한 다윗은 무거운 갑옷과 무기도 없이 물매돌 세 개만 들고 나갑니다. 그리고 골리앗이 절대로 피할 수 없는 가장 작은 물매돌로 그의 머리를 공격합니다. 이런 것이 전략입니다. 언더독의 이야기가 흥미로운 것은 약점을 딛고 이길 수 있는 예상치 못한 전략이 있기 때문입니다. 그 전략이 만들어낸 결과에 우리는 환호를 보내는 것입니다.

사업을 한다는 것은 전쟁을 하는 것과 다름이 없습니다.
비즈니스가 전쟁인데, 사람들은 매번 뻔한 갑옷과 무기로 전쟁터에 나갑니다. 전쟁이라는 것은 해봐야 압니다. 많이 가진 자라고 반드시 이기는 것도 아니고, 많이 가져도 전략이 없으면

질 수도 있습니다.

   거대 공룡과 같은 4대 은행과 작은 스타트업에서 시작한 토스를 생각해보세요. 여러분은 지금 어느 금융 어플리케이션(앱)을 사용하고 있나요? 토스는 편리하고 직관적으로 앱을 만들어서 수많은 젊은이들을 고객으로 끌어들였습니다. 다른 금융 앱들의 여러 가지 불편함을 해소하면서 소비자들을 얻겠다는 언더독 토스의 전략으로 인해 토스는 젊은 사람들을 위한 금융 앱을 넘어 미래의 금융 대안으로 자리 잡아가고 있습니다.

   언더독은 그냥 붙어서는 이길 수 없습니다. 이전에 해왔던 뻔한 전략이라면 더욱 소용이 없습니다. 워런 버핏이 말했습니다. "부를 쌓는 데는 20년이 걸리지만, 부를 무너트리는 데는 5분이면 충분하다." 치열한 경쟁 간에 싸움이 있고, 그래서 승자만이 살아남는 상황에 놓여 있다면 반드시 요즘 시대를 관통하는 전략이라는 무기를 가지고 있어야 무너지지 않을 수 있습니다.

시대를 이기는
래디컬 컨셉 전략

"'강한 힘으로 돛을 당겨라'라는 말이 있어요. 잡초에 시간을 낭비하지 말고 비즈니스 자체를 성장시킬 수 있는 초강점에 집중하세요." — 여행용 캐리어 브랜드 줄라이(July)의 CEO 아단 디다스칼루 줄라이

  삼성전자의 이건희 회장은 우리나라 같은 개발도상국의 브랜드가 글로벌 브랜드가 되기 위해서라면 아내와 자식 빼곤 모두 바꿔야 한다며, 삼성전자의 모든 핸드폰을 불태우는 화형식을 한 적이 있습니다. 그 시대의 모든 것들을 부정하면서 그 이상의 현실적인 제품들을 넘어서는 제품을 만들지 않으면

안 된다고 선포를 한 셈입니다. 지금의 일론 머스크보다 더 파격적이고 과감한 의식을 통해 삼성전자는 2000년대부터 2020까지 반도체 시장의 최강자로 자리 잡을 수 있었습니다.

산업 분야를 넘어 예술가들에게도 마찬가지의 모습이 필요합니다. BTS는 모든 아이돌이 사랑 노래를 하고 있을 때 청춘들의 삶을 위로하고 공감해주는 노래와 메시지로 전 세계 젊은이들의 위로자로 자리 잡았지요. 케이팝의 역사상 가장 독보적인 행보로 성공한 대표적인 사례입니다. 모든 화가들이 갤러리에서 전시를 하고 비싼 가격으로 경매장에서 수백만 달러에 팔리기 위한 그림을 그리고 있을 때 무명의 화가 뱅크시는 아무도 모르게 벽에 그림을 그리고 사라졌습니다. 예술이 상업화되고 자본에 종속되는 현실을 비판하기 위해 자신이 그린 그림이 경매에서 비싼 가격에 팔리자 갑자기 파쇄되게 만들어서 사람들을 놀라게 만들기도 했지요. 급진적이고 혁명적인 화가의 대명사인 뱅크시가 전 세계인의 사랑을 받게 된 것은 차별화를 위한 차별화가 아닌 남들은 엄두도 내지 못할 파격적인 퍼포먼스 때문일 것입니다.

그렇다고 대단한 사업가나 천재적인 예술가만이 언더독의

위치를 뒤바꿀 수 있는 것은 아닙니다. 시작은 가볍게 전혀 의도치 않게 했을지 몰라도 만들어가는 과정 속에서 놀라운 파격을 선보인 전략가들이 있습니다. 처음부터 거대한 비전을 품고 시작한 것이 아니라, 작은 도전에서 출발해 남들과는 다른 방식으로 문제를 해결하는 과정에서 자연스럽게 래디컬한 정체성을 구축한 브랜드들도 많습니다. 이들의 공통점은 기존의 틀에서 벗어나 새로운 관점으로 시장을 바라보고, 소비자들이 미처 깨닫지 못했던 불편함이나 필요를 발견해 과감하게 해결책을 제시했다는 점입니다. 유학 자금을 벌기 위해 옷을 만들기 시작해서 점점 더 좋은 제품을 만들고 싶다는 욕심으로 자기 브랜드를 만든 임동준 디자이너가 대표적입니다. 그는 설명서가 없는 디자인 방법으로 세계에서 가장 특이한 옷을 만드는 포스트 아카이브 팩션(Post archive faction)의 수장이 됩니다. 너무나 특이하고 혁신적이어서 세계적으로 유명한 브랜드들이 앞 다투어 그와 협업을 하고 싶어 하지요.

상업적인 예술가를 꿈꾸는 미스치프(MISCHIEF)의 시작은 어땠을까요? 조금 극단적으로 표현하자면 미스치프는 장난을 치고 싶어서 만든 회사였습니다. 나이키(Nike)의 에어맥스97 밑창에 사람 피를 넣어 '사탄 신발'이라며 출시하기도 하고,

반대로 에어맥스 97에 요르단강에서 공수한 성수를 넣어 판매하기도 합니다. 하지만 이들의 실험적이고 치기 어린 장난은 미스치프를 전 세계에서 가장 창의적인 집단으로 만들어주지요.

세상은 더욱 어렵고 경쟁은 더욱 치열하지만, 그럼에도 불구하고 주어진 상황을 뒤바꾼 전략가들은 언제나 있습니다. 결국 그들이 시대를 이기고 살아남는 자들이 됩니다. <u>그들과 같이 살아남은 언더독들은 '남들보다 더 지독하고, 사납고, 극단적이고, 편협하고, 기괴하고, 파격적인 컨셉 전략'으로 무장하여 가장 위험하지만 가장 압도적인 브랜드로 확고한 자리를 잡아가고 있습니다.</u> 이것이 바로 래디컬 컨셉 전략이지요.

초파격의 차별을
만들어내는 힘

챗GPT(ChatGPT)를 통해 'Radical'이라는 단어를 검색해보았습니다. 그랬더니 래디컬은 '기존의 규범이나 전통에 반대하거나 그것을 크게 변화시키려는 태도나 행동'을 뜻하며 또 다른 의미로는 '긍정적이고 멋진(속어로 awesome, cool)'이라고 합니다. 젊은 층이 대화할 때 '굉장히 멋지다'라는 의미로 사용되며 주로 미국 영어에서는 속된 말로 쓰인다고 합니다. 급진적이고 혁명적이며 파격적인 퍼포먼스나 전략이 있을 때 소비자에게 멋지고 쿨한 브랜드로 인정받는 의미로 다가옵니다. 무엇보다 챗GPT가 래디컬의 의미로 제일 먼저 보여준 것은, '근본적이고 철저한'이라는 의미였습니다. 래디컬은 어쩌면 지금이 치열한 사회에 있어서 우리가 가져야 할 근본적이고 가장 기본이 되는 정신이어야 하는 것은 아닐까요?

요즘과 같이 거대한 자본을 가진 힘이 센 기존 세력들을 언더독들이 이길 수 있는 전략이 눈에 잘 보이지 않습니다. 어쩌면 앞으로 이야기하려는 래디컬 전략은 언더독이 탑독을 이기기 위한 것, 즉 꼴등이 3등이 되고, 3등은 1등이 되는 단순한 순위를 높이는 것만을 의미하지 않습니다. 가수로 보면, 노래 한 곡으로 히트했다가 사라지는 원 히트 원더(one-hit wonder)의 브랜드를 만들기 위한 전략은 아닙니다. 이런 것은 누구나 한 번쯤 운이 닿고 기회가 오면 할 수 있습니다. 한 번 반짝하고 끝나는 게 아니라, 지속적으로 성장하고 꾸준히 자리를 지킬 수 있게 해줄 수 있는 전략이 바로 래디컬이라는 것이지요.

미국의 유명한 면도기 구독 서비스인 달러 쉐이브 클럽(Dollar shave club)이라는 스타트업이 있습니다. 구독 모델과 저렴한 가격, 그리고 재기 발랄한 광고로 단번에 질레트(Gillette)의 아성을 위협했던 브랜드이지요. 심지어 질레트가 인수하여 미래의 성장 동력으로 삼으려 했던 브랜드였습니다. 하지만 지금은 질레트의 가장 천덕꾸러기 브랜드가 되어버리고 맙니다.

그 이유가 뭘까요?

　남들이 쉽게 따라할 수 있는 것들을 마치 자기 자신만의 것으로 착각하는 바람에 그들이 시작했던 구독 서비스나 가성비 이미지 등을 경쟁사에 모두 빼앗기고 맙니다. 경쟁사들은 보다 나은 구독 서비스와 더 합리적인 가성비, 그리고 제품 경쟁력으로 이들을 넘어서게 된 것이지요. 결국엔 남들이 따라할 수 있고 누구나 진입이 가능한 것들은 아무리 혁신적이어도 래디컬 전략이라고 볼 수 없습니다. 래디컬 전략의 핵심은 아무도 따라할 수 없는 유일무이한 정체성을 구축하는 것입니다. 이는 단순히 눈에 띄기 위한 일시적인 임팩트가 아니라, 브랜드의 DNA로 자리 잡는 근본적인 차별화 포인트입니다. 래디컬 전략은 브랜드의 청사진이자 설계도입니다. 이를 통해 브랜드는 세상 어떤 것과도 다른 독보적인 포지셔닝을 확보할 수 있습니다. 이것이 바로 언더독이 반드시 가져야 할 생존 전략입니다.

　"너무 파격적이면 사람들이 부정적으로 볼 수도 있지 않을까?" 하는 걱정이 들 수 있습니다. 하지만 현시대의 브랜드 전략가들은 이러한 걱정이 근거 없는 기우임을 증명하고 있습니다.

언더독으로서 여러 상황을 고려하며 조심스럽게 브랜드를 운영할 여유는 없습니다. 경쟁자들을 압도하고 확실한 차별화를 만들어내는 것만이 살 길입니다. 그러기 위해서는 선택해야 합니다. 래디컬해지거나, 아니면 도태되거나. 언더독에게는 급진적이고 파격적인 전략이 생존의 필수 조건이 되었습니다. 시장에서 주목받지 못하는 브랜드는 결국 사라질 수밖에 없기 때문입니다.

이제 선택할 시간입니다. <u>남들과 같은 길을 가며 조금 더 잘하기를 바랄 것인지, 아무도 가지 않은 길을 개척하여 독보적인 브랜드로 자리매김할 것인지를 결정해야 합니다.</u> 래디컬하게 살아남을 것인가, 아니면 평범함 속에 사라질 것인가? 선택은 당신의 몫입니다.

2.

극단적인 컨셉으로 이긴 전략가들

골리앗을 이기는
미친 자가 될 것

모든 브랜드들은 각자만의 포지셔닝이 있습니다. 다만 사람들의 머릿속 순위의 사다리에서 몇 번째에 있는지에 따라서 그 브랜드가 가지게 되는 시장의 크기는 달라집니다. 예전에는 해당 카테고리 제품군에서 3위에만 들어가도 사람들의 선택을 받아 충분히 산업을 유지하고 브랜드는 존폐 걱정 없이 운영될 수 있었습니다. 그런데 3위에 들어가는 것만으로도 더 이상 만족할 수 없는 시대가 되어버렸습니다.

 사람들은 몇 개의 모바일 메신저를 사용할까요? 대부분 카카오톡 하나만 사용합니다. 모바일 웹툰 역시 네이버와

카카오가 경쟁을 하다가 강력한 1등으로 네이버 웹툰이 자리를 잡게 되면서 다른 경쟁자들은 미미한 수준의 점유율을 갖게 되었습니다. 우리가 많이 쓰는 배달 앱도 마찬가지입니다. 시장 초기만 해도 배달의 민족, 배달통, 요기요 등 여러 가지 앱들이 경쟁하다 이제는 압도적인 차이로 배달의 민족이 1등을 하고 있습니다.

모바일 시대가 되어 소비자들은 더욱 다양한 상품과 서비스를 만나게 되었습니다. 그러다 보니 시장은 파편화되어 여러 플레이어들을 기억하기보단 머릿속에 떠오르는 강력한 넘버원(No.1) 브랜드로 블랙홀처럼 모이게 되는 것이지요. 한때의 유행어가 생각이 납니다. 그 유행어가 지금의 시장 상황을 가장 잘 대변해주는 말인 것 같습니다.

"1등만 기억하는 더러운 세상!"

어떤 분야든 1등만이 자신들의 입지를 더욱 견고히 하며 독주하고 있습니다. 이런 상황이 점점 가속화될수록 과연 후발주자인 언더독은 어떻게 해야 할까요? 그들의 강력하고 확고한 입지를 깨려면 '미쳐야' 됩니다. 골리앗을 이기는 방법은 결국 '미친 자'가 되어 사람들의 관심을 얻는 것입니다.

습관처럼 1등만 기억하던 사람들의 관심을 돌릴 수 있는 미친 자의 포지셔닝만 있다면 시장의 질서에 균열을 낼 수 있습니다. 그렇다면 어느 정도 미쳐야 할까요? 어떤 래디컬한 컨셉을 선보여야 각인이 될까요?

하드코어해야 산다

미국의 생수 시장은 펩시(Pepsi)나 코카콜라(Coca-Cola)의 자회사 브랜드가 영업력을 바탕으로 완벽하게 장악하고 있습니다. 그런데 이 시장에 혜성처럼 나타난 브랜드가 있습니다. 바로 리퀴드 데스(Liquid death)입니다. 죽음의 생수라고 불리는 이름이지요. 제품의 이름이 심상치 않은 것처럼 소비자들의 머릿속에도 굉장히 심상치 않은 방법으로 자리 잡고 있습니다. 2018년에 출시된 이 제품은 미국 MZ들이 가장 선호하고 좋아하는 생수 브랜드가 되어, 창업 5년 만에 1억 달러의 매출을 기록할 정도로 폭발적인 성장을 하고 있습니다.

이 생수는 원래 모든 사람을 위한 것이 아니었습니다. 창업자 마이크 세사리오가 '헤비메탈을 즐기는 사람들에게는 그들에게 어울리는 생수가 있어야겠다'는 생각으로 만든 제품입니다. 그런데 이제는 미국의 MZ들이 리퀴드 데스를 마시는 것으로 그들의 젊음을 표현하고 있습니다.

창업자인 마이크 세사리오는 실제로 헤비메탈 광팬입니다. 어느 날 헤비메탈 공연을 갔는데 가수들이 중간마다 마시는 에너지 드링크 캔 안에 에너지 음료가 아닌 물을 담아 마시고 있는 것을 보고는 충격을 받았지요. 에너지 음료 스폰서 때문에 해당 제품을 마시는 것처럼 보이게 하기 위해 내용물을 비우고 안에 물을 넣어서 갈증을 해소하고 있었던 것입니다. 여기에서 아이디어를 얻은 그는 플라스틱 페트병이 아닌 알루미늄 캔 안에 생수를 넣어서 팔게 됩니다.

헤비메탈을 좋아하는 사람들은 담배와 술에 빠져 하드코어하게 살 것 같지만, 많은 헤비메탈 팬들은 세사리오처럼 건강을 추구하고 채식을 하면서 환경을 생각하는 초식남들이 많다는 것을 그는 알고 있었지요. 그래서 그는 자신과 같은 헤비메탈 팬들을 위한 생수 브랜드를 만들기 위해 실제 소비자층은 좁지만 확실한 타깃 감성에 맞춰서 마케팅과 홍보를 진행했습니다. 헤비메탈 광팬들이 좋아할 만한 콘텐츠로 말이지요. 그런데 예상을 벗어나서 헤비메탈 팬뿐만 아니라 많은 젊은이들이 리퀴드 데스가 했던 광고 마케팅에 열렬한 반응을 보였습니다. 그중에서도 리퀴드 데스를 단번에 주류 생수 브랜드의 자리로 올려준 캠페인은 의외로 포르노 배우인 체리 드빌이 출연한 광고였습니다. 경쟁이 막강한 생수 업계에서 소비자들로부터 신생 브랜드가 관심을 얻기 위해서는 파격적이지 않으면 안 된다고 판단했던 그는, 튀지 않으면 죽겠다는 마음으로 이 모델을 선정한 것입니다. 물론 엄청난 논란과 비난을 맞닥뜨리게 됩니다. 그럼에도 불구하고 이런 엽기적이고 파격적인 포지셔닝을 가질 수밖에 없었던 이유를 그는 이렇게 말합니다.

"대부분의 몸에 해로운 브랜드들은 늘 재밌고 신선한 마케팅을 하는데 왜 건강하고 지속 가능한 브랜드는 착하고 지루하며 진지한 방식으로 마케팅을 하는지 모르겠다."

그는 과거의 방식에 반기를 들었던 것입니다. 사실 모델 선정이 주는 논란이 커서 그렇지, 그녀가 전하는 메시지는 굉장히 착하고 건전했습니다. '알루미늄 캔은 영원히 재활용되지만, 플라스틱은 재활용될 수 없으니 지구를 망치지 말자'와 같은 진지하고 건전한 이야기를 포르노 배우가 이야기합니다. 물론 약간의 욕설을 섞어서 말이지요. 욕도 많이 먹고 반대도 많이 받고 심지어 광고지만 PG13 등급(어린이는 보호자와 함께 관람해야 하는 등급)을 받을 정도였습니다. 하지만 세사리오는 여기서 멈추지 않습니다. 리퀴드 데스는 그들의 광고 마케팅에 쏟아진 악플들도 이슈를 얻어내는 마케팅 수단이 된다고 판단한 것입니다. 심지어는 그간의 모든 리퀴드 데스의 광고에 대한 악플들을 모아서 22분짜리 앨범을 만들어 또 논란거리가 되었습니다.

리퀴드 데스는 굿즈 또한 평범한 것은 거부합니다. 토니호크라는 유명 스케이트보더의 실제 피를 뽑아서 페인트에 넣은 한정판 리퀴드 데스 스케이트보드를 만들기도 하고, 주방의 신이라 불리는 성실한 주부 이미지를 가진 마샤 스튜어트의 잘린 손목이 리퀴드 데스 제품을 잡고 있는 모양의 섬뜩한 할로윈 캔들 굿즈를 만들기도 했습니다. 그럼에도 반응은 뜨거웠습니다. 수많은 사람들이 이 굿즈들을 모으려고 혈안이 될 정도였으니까요. 이쯤되면 세사리오의 전략은 기꺼이 빌런(악동,

악당)이 되기를 자처하는 것으로 보아도 무방하게 느껴집니다.

  최근에 방송된 N32라는 비건 매트리스 광고가 장안에 화제입니다. 이 광고 영상에 달린 댓글은 격렬하게 부정적인 감정을 드러냅니다. 하지만 이 광고가 나오기 전, N32라는 브랜드를 아는 사람은 많지 않았습니다. 버려진 자동차 실험용 인형이 주는 충격이 부정적이든 혐오스럽든 사람들에게 N32라는 존재를 머릿속에 확실히 자리 잡게 했다는 면에서 이 광고는 성공이라고 생각합니다. 반대로 N32가 착하고 선한 비건 제품 이용자들의 모습을 보여주면서 시장에 등장했다면 단시간에 이만큼의 효과를 누릴 수 있었을까요? 나쁜 이미지든 좋은 이미지든 무명의 브랜드가 단번에 비건 매트리스계의 넘버원 자리를 차지한 것은 리퀴드 데스의 그 방법과 별반 다르지 않습니다. 리퀴드 데스의 정체성을 만들어온 행적들을 보면 '굳이 저렇게 해도 되나' 싶은 것들이 많지요. 그런데 신기하게도 이제는 어떤 마케팅이든 그런 과격한 지독함이 없으면 눈에 보이지도 않게 되었습니다.

  많은 사람들이 타인의 기대를 만족시키기 위해 살아가고 있습니다. 그러다 보니 자꾸 좋은 존재, 선한 존재, 착한 존재로 보이고 싶어 합니다. 브랜드도 단 한 사람에게라도 실망스러운 존재 혹은 미움의 대상으로 남고 싶어 하지 않습니다. *사랑받기를 원하는 수많은 브랜드 사이에서 오히려 '미움받아도 상관없어', '난 그냥 나대로 살 거야'라는 배짱을 부릴 줄 아는 브랜드가 더 매력적인 세상입니다.* 이제 세상에서 유일무이한 존재가 되고 싶다면, '미움받을 용기'를 먼저 탑재하기 바랍니다. 그럴 수만 있다면 사람들이 브랜드를 빌런이라고 부를지언정 이미 존재감은 그들의 머릿속에서 떨어지지 않는 스티커처럼 철썩 붙어 있을 테니까요. 그렇게 되면 좋든 싫든 그 제품군이 필요하면 언젠가 그 브랜드가 사고 싶은 브랜드의 첫 번째에 있게 될 것입니다.

가치 있는 경험이면
충분하다

직장 생활 참 힘들고 어렵습니다. 스트레스도 많이 생기지요. 그런데 이런 것들을 어떻게 해소해야 할지 우리는 참으로 난감합니다. 주말에 열심히 운동도 하고 명상도 하며 스트레스를 해소해보려고 노력하지만, 그럼에도 직장에서 일을 하는 것은 언제나 힘듭니다. 그렇다고 워라밸을 따지면서 살기 위해 직장 생활을 대충할 수도 없습니다. 잡코리아의 초창기 광고 중 굉장히 재미있는 것이 있었습니다. '국장이 무슨 청국장도 아니고 왜 일을 맨날 묵히시나요?'라는 카피가 광고에 등장하며 이런 무능력한 국장들을 보내버리고 싶다면 잡코리아를 통해 이직시키라는 내용이었어요. 회사 생활은 예나 지금이나 답답하고 힘든 일 같습니다. (저는 사장도 해봤지만, 직장인이나 사장이나 힘들기는 마찬가지더라고요.) 그만큼 직장 생활의 고단함과 괴로움이 사람들에게 깊이 깔려 있습니다.

이런 회사 생활에서 벗어나 휴식을 위해 여행을 떠납니다. 그런데 이제는 여행을 가는 것만으로는 스트레스가 제대로 해소가 되지 않을 만큼 세상은 복잡하고 경쟁은 치열해졌습니다. 그래서 얼마 안 되는 휴가 기간 동안에 확실하게 지친 몸과 마음을 회복시켜줄 곳이 필요합니다. 호주의 스타트업인 언요크드(Unyoked)에서는 사람들이 진정한 나를 찾고 힐링을 할 수 있도록 완전한 고립감을 파는 숙박 서비스를 제공합니다.

사람들에게 잠시라도 찌든 삶을 깨끗하게 만들어줄 해독제와 같은 존재가 되고 싶은 마음으로 만든 서비스입니다. 얼핏 보면 숙박 공유 플랫폼인 에어비앤비(airbnb)와 비슷하단 생각도 듭니다. 반은 맞고 반은 틀립니다. 현지에서 현지인처럼 사는 컨셉은 맞지만, 현지인에 대한 개념 자체가 서로 다릅니다. 에어비앤비는 현지인처럼 일상을 경험하고 사람들과 같이 어울리는 것에 목적을 두었다면, 언요크드는 완전히 사람들과 동떨어진 환경에서 새로운 차원의 경험을 하는 것입니다.

아주 외딴 곳에 오두막을 대여해줍니다. 이곳은 통신이 잘 되지 않고 변변한 화장실도 없습니다. 완전한 자연 속에 머무르게 되는 것입니다. 그렇게 문명과 떨어져 완벽한 고립감을 경험을 할 수 있습니다. 마트도 없어서 생필품을 직접 다 준비해서 들어가야 합니다. 스마트폰으로 위치를 파악하기 어려울 정도의 공간이고, 심지어는 직접 그린 지도를 통해 자신의 숙박지로 몇 시간씩 걸어서 갑니다. 가장 큰 괴로움은 화장실입니다. 대부분 재래식 화장실이지요. 편한 여행을 꿈꾼다면 언요크드를 생각하면 안 됩니다. 흔히 말하는, 사서 고생을 하는 것이지요. 언요크드의 창업자들은 이런 불편함이 바로 그들의 사업 아이템이라고 말합니다. 바로 그 극단적인 불편함을 겪으면서 도시 생활이 주는 편안함과 거리를 두고 있는 그대로의 자연과 직접 마주하고 상호 작용해야 완전한 힐링과 회복이 이뤄진다고 두 창업자는 믿었습니다.

누군가의 삶에 어떤 극단적인 역할을 한다는 것, 그로 인해 사람들의 삶이 더 좋아지거나 더 나은 삶을 살 수 있다는 동기를 부여해주는 브랜드가 된다는 것은 참으로 위대합니다. 사람들은 자신의 삶을 새롭게 이끌어주는 데 어떤 역할을 하는 브랜드라면 아낌없이 지갑을 엽니다. 기꺼이 스스로 홍보해주기도 하지요.

그 역할이 꽤나 명확하고 고객의 필요를 확실하게 채워준다면, 우리도 언요크드처럼 될 수 있습니다. 참고할 대상이 없는 사업이라도 스스로 계속 발전시킬 수 있고, 전혀 다른 분야에서 발견한 아이디어라도 새롭게 접목될 수 있는지 고민하는 등의 끊임 없는 노력을 한다면 말이지요. 그것이 바로 브랜드를 점점 업그레이드시키는 원동력이 되기도 합니다.

또한 사람들은 이런 역할이 분명하다면, 그 명확한 역할이 주는 혜택 외에 다른 것들에 대해서는 크게 기대하지 않습니다. 언요크드는 불편을 경험하게 합니다. 그렇게 친절하지도 않지요. 우리가 여름에 맛있는 평양냉면을 먹기 위해 땡볕 아래에서 몇십 분씩 줄을 서야 하는 불편함을 감수하는 것처럼, 역할이 주는 혜택만 잘 누릴 수 있게 해준다면 그 외의 것은 언제든 참아낼 수 있습니다. 그것마저 보완하고 업그레이드하면 사실 가치가 별로 없게 느껴집니다. 기다려서 먹어야 맛집이라고 생각하는 것처럼, 고립을 누리기 위해서 차 없이 한참을 걸어가고, 필요한 것들을 자연에서 구하고 교감하는 것입니다. 그렇게 극단적인 치유의 경험이야말로 진정한 직장 생활의 해독제라고 부를 수 있는 것처럼 말입니다.

리퀴드 데스의 굿즈나 이미지 광고는 기괴하여
눈살이 찌푸려질 정도가 되는 것들로 자신의 브랜드를 표현하고자 한다.

(위) 마샤 스튜어트와 컬래버레이션하여 만든 손목이 잘린 양초 굿즈.
(아래) 리퀴드 데스가 갈증을 '죽여버린다'라는 컨셉의 애니메이션 광고의 한 장면.

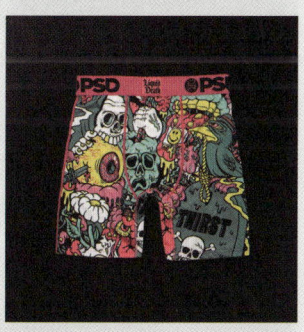

리퀴드 데스는 기괴한 팬티 같은 새로운 굿즈를 지속적으로 만들고
심지어 광고에는 단두대까지 등장시켜 시선을 끈다.

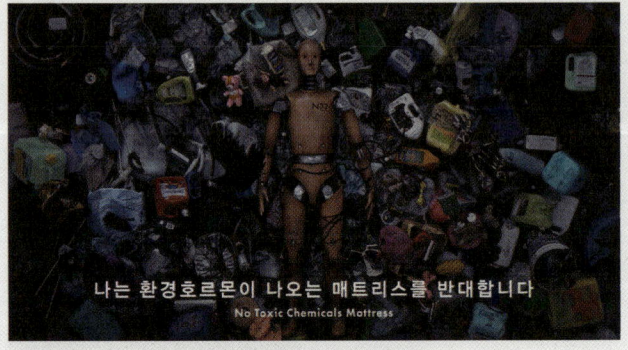

시몬스 침대의 비건 매트리스 브랜드인 N32의 영상 광고.
이 광고를 보면 내용은 전혀 모르지만, N32라는 것은 기억하는 사람이 많다.
누군가를 기분이 좋게 하는 광고는 아니지만,
적어도 이 광고를 본 사람들에게 새로 출시한 브랜드를 알리는 것에는 성공했다.

GIVE THE GIFT OF NATURE THESE HOLIDAYS

언요크드는 도시와 동떨어져도 너무나 동떨어진 곳에
오두막을 만들어 사람들에게 힐링할 수 있는 기회를 제공한다.
스스로는 숙박업이라기보다 힐링 산업이라고 생각한다.

3.

미션, 철학, 사명으로 초격의 브랜드를 만든 전략가들

괴상한 물고기를
만들지 말 것

일본 PM(project manager)들의 교과서로 통하는 《제품의 탄생》이라는 책이 있습니다. 이 책은 2021년 출간되자마자 아마존 재팬 베스트셀러 1위에 이름을 올리고 1년 뒤엔 일본 IT 엔지니어링 책 어워드에서 비즈니스 분야 대상을 받았습니다. 이 책의 저자는 구글(Google)과 마이크로소프트(Microsoft), 링크드인(Linked in) 등의 PM으로 일했다고 합니다. 주로 이 책이 담고 있는 것은 어떻게 일하면 성공적인 프로덕트를 만들 수 있는지에 대한 실질적인 방법들입니다. 그래서 많은 일본의 PM과 PO(product owner)들의 교과서라고 불리는 책입니다.

  이 책은 성공하는 프로덕트가 갖춘 세 가지 요소를

소개합니다. 바로 의미, 사용자 가치, 사업 수익입니다. 방향이 뚜렷하면서 사용자가 가치를 느끼고 돈도 버는 프로덕트가 성공의 조건이라는 것이지요. 이 세 가지 요소 중 가장 강조하는 것은 의미(비전)입니다. 저자들이 모두 이것을 놓치고 프로덕트를 만들다가 실패한 경험이 있기 때문으로 보입니다. 의미 없이 만들어진 제품을 작가들은 '괴상한 물고기'라고 부릅니다. 억지로 차별화 기능을 내다가 이상한 남의 '다리'를 붙이고, 일부만 본 유저 피드백을 그대로 반영해 필요 없는 '눈썹'을 붙이는 것과 같다고 합니다. 물고기가 사는 데 전혀 쓸데없는 것을 붙였다는 뜻입니다.

"종종 눈앞에 매력적인 제안이 들어오면, 일단 반영하고 싶어집니다. 타깃과 거리가 먼 기능인데도, 매출 비중이 큰 고객이 관심 있다고 하면 마음이 흔들리곤 하지요. 이게 괴상한 물고기를 만드는 원인이 됩니다."(《제품의 탄생》중에서)

어떤 제품이든 서비스든 존재의 의미가 담겨져 있지 않거나, 의미가 자꾸 바뀐다면 그 브랜드는 절대로 슈퍼 포지셔닝의 지위를 가질 수 없습니다. 평범하고 뻔한 것이 되거나 아니면 괴상한 존재가 되어 누구의 관심도 받을 수 없게 됩니다.

선한 의도만으로
파격이 된다

교육으로 유명한 대치동에서 유명 교육 기관을 제치고 엄마들 사이에서 각광을 받고 있는 아이비리그 교육법이 있습니다. 대단한 교육 기관이나 시스템일 거라고 생각하겠지만, 사실 누구나 태블릿을 통해 사용할 수 있는 교육 플랫폼 앱입니다. 모두에게 공짜로, 그것도 양질의 교육을 줄 수 있는 이 앱은 미국의 공교육과 대부분의 사설 교육 기관에서도 적극적으로 도입해서 사용하고 있다고 해서 엄청난 화제가 되었지요. 바로 칸 아카데미(Khan Academy)입니다.

자녀들의 휴대전화 사용을 엄격히 금지한 빌 게이츠나,

메타(META)의 마크 저커버그도 이 앱 때문에 아이들에게 휴대전화를 사용하게 할 정도로 미국에서는 공교육을 대체할 정도의 파급력을 가지고 있습니다. 심지어 초등학교 입학 전에 알파벳도 모르던 우리 집 아이도 칸 아카데미를 통해 영어를 배우고 사립초등학교에 입학한 후 이젠 저를 능가할 정도의 영어 회화 실력을 만들어준 앱이기도 하지요. 사실 이 앱의 시작은 그렇게 대단하진 않습니다. 인도 태생의 살만 칸이라는 한 청년이 유튜브 교육 영상을 만들며 위대한 첫걸음이 시작되었지요.

  살만 칸은 10살 때 부모님이 이혼해서 굉장히 가난한 어린 시절을 보냈다고 합니다. 그런데 누나가 장학금을 받고 브라운대학교에 입학하는 것을 보고 본인도 돈이 없어도 대학에 갈 수 있음을 알게 되었습니다. 그도 역시 장학금을 받으며 MIT에 입학하게 되고 컴퓨터과학, 전기공학과 수학을 공부한 후 2003년에 하버드 MBA 과정을 마치고 돈을 벌기 위해 헤지펀드 분석가 일을 시작합니다. 2004년부터 사촌 동생의 수학 과외를 하게 되었는데, 동생의 집이 너무 멀어서 전화로 가르쳤습니다. 전화로 가르치기 위해서 야후 두들이라는 대화형 메모장을 온라인 칠판처럼 사용했습니다. 이렇게 가르치는 칸의 방식에 대해서 많은 사람들이 관심을 갖기 시작했다고 합니다. 칸의 친구는 칸이 아이들을 가르치는 것을 보고 강의를 유튜브에 올려보라고 했고, 그렇게 그는 유튜브 채널을 시작했습니다. 그의 채널을 보고, 많은 사람들이 부분 유료화를 제안할 정도로 강의 콘텐츠는 탁월했습니다. 하지만 그는 유료화가 마뜩치 않았습니다. 가난해도 공부로 삶이 변하는 걸 경험해본 칸이기에 자신처럼 가난하지만 도움이 필요한 모든 학생들을 위해 강의를 만들면 만들었지 돈을 받아가면서 하는 건 하기 싫었습니다. 그래서 그는 이를 계기로 비영리 교육 플랫폼을 만들어야겠다는 결심을 하고 무료 교육 플랫폼 칸 아카데미를 시작합니다.

"Free world-class education for anyone, anywhere(누구에게나 어디서나 무료로 제공되는 세계 최고 수준의 교육)."

칸 아카데미의 미션인 이 한마디를 보고 그 뜻에 동참하고 싶은 명망 있는 투자자들이 줄을 잇기 시작했습니다. 구글, AT&T, 빌 게이츠, 심지어 일론 머스크까지, 그의 신념에서 시작한 칸 아카데미는 이제 1억 9천 명의 아이들에게 공부를 가르치는 손바닥 학교가 되었습니다. 어린 칸 살만처럼 돈이 없어서, 양질의 교육을 받을 수 없는 전 세계 어느 곳에 있는 아이라도 칸 아카데미를 통해서 꿈을 키우고 미래를 소망할 수 있게 만들어준 것입니다.

  칸 아카데미에는 어떤 거대한 기업 전략도 대단한 비즈니스 모델도 없습니다. 그저 아이들이 돈이 없다고 좌절하거나 포기하지 않고 공부할 수 있게 만들어주고 싶다는 선량한 마음이 최고의 전략이었습니다. 그 마음이 투자금을 모아주었고, 그 투자금으로 자신들이 하고 싶은 선한 영향력을 마음껏 펼칠 수 있게 된 것이지요. 세상일은 마음먹기 달렸다고 한 옛말처럼, 별것 아닌 유튜브 동영상 강의도 선한 마음을 굳건히 가지기만 하면 세상의 모든 사람들에게 교육이란 엄청난 영향력을 끼칠 수 있는 존재가 될 수 있음을 칸 아카데미는 보여주고 있습니다.

  자신만의 미션을 고수하는 기업으로 유명한 또 하나의 브랜드가 있습니다. 아웃도어 브랜드 파타고니아(Patagonia)가 전 세계인의 브랜드가 되게 해준 힘은 품질도, 디자인 역량도 아닙니다. 파타고니아는 지구를 위한 마음을 사명으로 삼고 성장해온 기업입니다. 원래는 암벽 등반 장비를 파는 회사였습니다. 사업 초창기에 암벽 등반가들에게 자신의 장비를 나눠주기도 했는데 이때 나눠줬던 쇠못인 피톤이 인기를 끌게 됩니다. 그런데 이 피톤이 암벽 곳곳에 박혀 자연을 파괴하고 있다는 것을 알게 되지요. 환경 보호에 앞장서왔던 파타고니아의 창업주 이본 쉬나드는 오히려 자신이 환경을 파괴하는 제품을 만들고 있었다는 사실에 큰 충격을 받았습니다. 그래서 그는 피톤 대신 너트를 쓰자는 '클린 클라이밍 운동'을 벌입니다. 좋은 의도로 시작한 운동이었지만, 파타고니아에 돈을 벌어주진 못했기에 더 큰 수익을 위해 의류 시장에 뛰어듭니다. 그런데 예기치 못한 사건이 그의 삶을 바꿉니다. 어느 날 판매점에 있는 공기 순환 장치가 고장 나서, 매장 직원들이 포름알데히드를 흡입하는 사고가 일어났습니다. 그 원인은 바로 목화솜에서 나온 대량의 화학 물질이었습니다. 그는 이 사건을 계기로 파타고니아의 모든 면 의류를 유기농 목화솜으로 만들기로 합니다. 농약을 뿌리지 않고 무당벌레로 해충을 잡아서 기른 목화의 솜과 자연 폐사하거나 식용으로 길러진 거위의 털만을 사용해서 제품을 만들었습니다.

젊은 시절 수익을 위해 했던 일들이 사람뿐 아니라 사람들이 살아가는 터전인 지구에 해가 되는 일이었음을 알게 되자, 지구 환경에 해가 되지 않는 기업을 만든다는 사명으로 회사를 경영하기로 마음을 먹습니다. 파타고니아는 복슬복슬한 플리스

재킷이 유명한데, 이 제품은 파타고니아가 폐플라스틱을 활용한 신칠라라는 소재로 만들어진 제품입니다. 회사의 제품뿐 아니라 자신이 가진 재산까지도 지구를 위해 사용하고자 기업 경영 지배 구조까지 바꿉니다. 한 번 쾌척하고 끝나는 것이 아니라, 그의 사명을 이루기 위해 지속적으로 파타고니아의 수익 일부분을, 꾸준히 지구가 좋아지는 데 사용할 수 있는 구조를 만들어서 그 기관에 기부를 한 것입니다. 그는 심지어 자신과 가족이 가진 파타고니아 지분을 비영리 재단과 신탁사에 양도해버립니다. 망해가는 지구를 지키고 파타고니아의 지속 성장을 이끌 수 있는 기관으로 말이지요.

무인양품(MUJI)의 회장 카나이 마사아키는 지금의 무인양품이 있게 한 결정적 요인을 한 인터뷰에서 이렇게 말했습니다.

"인간을 돕는 것."

답이 너무 모호했던지, 좀 더 구체적인 답을 내놓으라고 채근하는 질문을 이어갔습니다. 그럼에도 마사아키 회장의 답변은 한결 같았습니다.
"그게 전부다. 인간을 돕는다. 예전에도 그랬고 지금도 그렇고 앞으로도 그럴 것이다. 이것 하나가 무인양품을 만들어냈다."

   사람들은 잘 믿지 않습니다. 어떻게 선한 의도만으로 기업이 되고 제품이 팔리고 만들어지며 조직이 돌아가는 걸까요? 뭔가 특별한 기술과 영업 전략이 있을 거라고 생각합니다. 결국엔 *리더가 이 선한 의도를 놓치지 않고 포기하지 않으며 돈에 얽매이지 않고 이뤄나가기만 한다면, 이에 동의하는 사람들이 모이며 아이디어도 덩달아 생겨나는 것이지요.* 이런 것들을 만들어내는 제품들, 그 생각을 소비하려는 소비자들, 그러다 보면 수익은 따라오게 되어 있습니다. 예전에도 그랬지만 요즘 젊은 세대에게 '선한 의도, 가치 소비'에 대한 의미가 굉장히 커졌기 때문입니다. 이전의 소비자들은 기업이 만든 '무엇'에 집중하고 그것을 소비하는 세대였다면, 지금의 소비자들은 '왜' 만들어졌는지를 중요하게 생각합니다. 처음의 선한 의도를 잘 지키고 제품으로서 이뤄내면 그 자체로 소비자들은 무한 신뢰를 보냅니다. 무한 신뢰는 모든 것을 이기는 가장 강력한 전략 중 하나라고 해도 과언이 아닙니다.

빅 브라더에 대항하는
브랜드가 유일한 대안이 된다

빅 브라더에게 망치를 던지면서 그들에게 저항하는 광고로 컴퓨터 업계에 새로운 등장을 알렸던 애플(Apple)처럼 기존 질서를 장악하고 있는 각 분야의 빅 브라더에 대한 충격적이고 파격적인 도전을 통해 새로운 대안으로 자리 잡은 브랜드가 있습니다.

  에버레인(Everlane)의 창업자 마이클 프레이스먼은 벤처 캐피탈리스트로 일하던 중 자신이 투자하기 위해 알아본 패션 업계가 가지고 있는 원가 대비 엄청나게 큰 마진을 남기는 구조, 그리고 마진을 많이 남기기 위해 제조사들을 압박하는 방식 등의 고질적인 병폐들이 눈에 들어왔다고 합니다. 그는 고품질 의류가 생산 원가에 비해 높은 가격으로 판매되는 현실을 목격하고, 합리적인 가격으로 고품질 제품을 제공하며 공급망의 투명성을 알게 하는 브랜드가 있다면, 그 가치에 동의하는 소비자들로부터 지지를 받을 수 있겠다고 생각했습니다. 그래서 프레스먼은 '급진적 투명성'이란 브랜드 전략으로 제품의 생산 과정, 그리고 가격 책정에 대한 명확한 정보를 있는 그대로 소비자에게 제공하기로 합니다. 홈페이지에 에버레인의 원가를 공개할 뿐 아니라, 경쟁사들의 원가까지 공개해버리지요. 노동력, 운송에 이르기까지 모든 제품의 실제 원가를 공개하고, 기존의 소매점 마진을 뺀 가격으로 제품을 판매하기도 합니다. 개발도상국 노동자들에게 가혹한 노동 조건을 강요하는 패션 브랜드들의 구조적 문제를 지적하기 위해 파트너 공장을 윤리적인 조건에 따라 선택할 뿐만 아니라 공장의 목록이나 계약 상황, 때로는 현장의 사진까지도 홈페이지에 공개합니다. 심지어 손님이 가격을 결정하는 방식을 통해서 재고를 남기지 않고, 블랙 프라이데이 펀드 등으로 근로자에게 이익을 환원하는 정책을 펼치기도 합니다. 이런 투명한 모습이 윤리 소비를 하는 소비자들의 마음에 다가갔고 에버레인은 미국에서 가장 큰 DTC(소비자 직접 판매) 패션 브랜드가 됩니다.

에버레인이 한 것은 기존 패션 브랜드가 가진 불투명성이란 관행에 저항한 것입니다. 저항하는 것으로 그치지 않고 불합리함을 개선한 제품을 소비자들에게 제공한 것이지요. 그들은 말로만 저항하는 것이 아니라 대안 제품 판매와 일관된 행동으로 사람들에게 다가갔지요. 그러자 수많은 젊은 세대들은 에버레인의 파격적인 철학과 사명에 열렬한 지지를 보내주었습니다.

스웨덴의 한 식품공학자가 유당불내증을 앓고 있는 사람을 위해 개발했던 귀리 음료인 오틀리(OATLY)도 같은 행보를 보여주었습니다. 20년간 특정 타깃들만을 위한 비주류 브랜드였지만 귀리 음료가 필요한 사람들만이 아닌, 식물성 소비를 원하는 사람들을 위한 새로운 대안 브랜드로 오틀리를 자리 잡게 만들고 싶었습니다. 그러기 위해 그들이 겨냥한 상대는 바로 우유였습니다. 귀리 음료가 우유보다 지구와 인류에게 훨씬 이롭다는 주장을 사람들이 받아들이도록 해야 했습니다.

"Milk, but made for human(우유, 하지만 인간을 위해 만들어진 것)"이라는 슬로건으로 소비자들과 소통합니다. 창업자가 직접 광고에 나와 피아노를 연주하면서 "평범한 우유 같아 보이지만 우리는 인간을 위한단다! 젖소 없이 말이야!"라고 말합니다. 그는 논란을 만들고 싶었습니다. 그의 노림수처럼 낙농협회가 오틀리를 고소하게 됩니다. 오틀리는 고소장을 그대로 소비자들에게 보여줍니다. 오틀리 같은 작은 업체를 낙농협회가 공격한다고 말이지요. 그들은 소송에서 졌지만 포기하지 않았습니다. 우유와의 전쟁이 더 많이 알려지면 알려질수록 그들의 입지는 더욱더 공고해졌습니다. 심지어 전 세계인이 보는 슈퍼볼 경기(미국의 미식축구 리그 NFL의 결승전)에 그 논란의 광고를 다시 틀면서 우유의 대항마인 브랜드로 사람들이 오틀리를 각인하게 되는 계기가 됩니다.

많은 소비자들은 기존의 질서를 장악하고 있는 브랜드에 익숙합니다. 아무리 불합리한 이슈가 있더라도 일부의 소비자들은 습관성 구매를 유지하곤 합니다. 한 번 갖게 된 선입견이나 고정관념으로 인해 형성된 구매 습관을 쉽사리 바꾸지 않습니다. 아니 잘 못 바꿉니다. 이렇게 소비자의 머릿속에서 견고하게 자리 잡고 있는 빅 브라더의 성을 깨려면 그들이 가지고 있는 핵심적인 문제를 정확하게 타격해야 합니다. 단순히 그것을 공격하고 싸우는 것으로 그치는 것이 아니라, 빅 브라더가 가지고 있지 못한 것을 갖고 있어야 소비자들은 그 브랜드를 대안으로 생각하게 됩니다. 에버레인도 오틀리도 둘 다 그들이 공격하고 적대했던 빅 브라더들이 가지지 못한 것들, 그들의 문제점을 딛고 자신들이 확실한 대안이 될 수 있도록 부단한 노력을 합니다. *제품 구성부터 커뮤니케이션 마케팅까지 대안이 되게 해줄 사명을 중심으로 통합되고 일관된 브랜드의 활동을 하지요.* 이것이 완벽하게 이뤄져야 소비자들은 그 브랜드를 새로운 다음 세대의 브랜드로 인정해주고 소비하게 됩니다. 이제 소비자들은 브랜드의 실질적이고 구체적인 행보에 집중합니다. 분명한 미션이 있다면 말만으로 그치는 것이 아닌, 행동으로 움직이는 브랜드가 되어야 합니다.

칸 아카데미는 만화 속 캐릭터와 같은 동물 친구들이
아이들에게 아주 쉽고도 친근하게 알파벳부터 가르쳐준다.
물론 알파벳을 읽는 것도 쉽게 알려준다.
아이들 입장에선 만화 캐릭터도 만나고 게임도 하는 것과 같은 재미가 있다.
그렇지만 학습을 시키는 데 이만한 커리큘럼을 가진 곳도 없을 것이다.
그러니까 전 세계의 아이들이 영어를 쉽게 배울 수 있게 된 것 아닐까?

Everlane About Us Website Page

빅 브라더에 대항하는 것으로 존재감을 과시하며
자신만의 자리를 확고히 다진 브랜드의 시초는 애플이다.
그 이후 40년이 지나고 그 자리를 넘겨받은 브랜드를 꼽으라면 단연코 에버레인이다.
누구도 말하지 않는 의류 업계의 빅 브라더에 의해
숨겨져 있던 진실들을 드러내어 사람들을 계몽시킨 브랜드로,
용기 있는 행동에 소비자들은 확실하고 강력한 '돈쭐'로 지지를 보낸다.

요즘은 우리나라의 카페에서도 흔히 찾아볼 수 있는
귀리 음료의 대명사가 된 오틀리.
오틀리도 만만치 않은 빅 브라더에 대항하는 배짱을 통해
귀리 음료를 넘어 우유를 대신하는 음료의 대명사로 자리매김하게 된다.
TV 광고에는 CEO가 직접 나와 'No Cow(우리는 젖소로 만든 게 아니야)'라고 외치며
우유 업계에 저항하는 메시지를 던진다. 낙농협회로부터 소송을 당할 정도는 되어야
확실한 반항아의 이미지를 얻게 되고, 그 반대편의 지위를 얻을 수 있다.
이렇게 강력하게 저항하고 표현할 줄 아는 파격이 있어야 소비자들은 돌아봐준다.

4.

초현실적인 경험으로 소비자의 지갑을 여는 전략가들

강렬한 보랏빛 소를
보여줄 것

더 이상 전형적인 TV 광고로는 사람들의 사랑을 받는 브랜드가 될 수 없다는 이야기를 하며 엄청난 각광을 받았던 세스 고딘의 《보랏빛 소가 온다》라는 책을 읽고 적잖이 충격을 받았습니다. 책에는 수백 마리의 소 떼가 초원에서 풀을 뜯고 있는 풍경을 바라보던 저자의 이야기가 소개됩니다. 이 그림 같은 장면도 시간이 지나면 익숙해지는데, 비슷한 무리의 소들이 새로 나타나도 마찬가지라고 말합니다. 한때 경이롭게 보이던 것들이 평범해 보이는 순간, 지루해진다는 것입니다. 그 소의 무리 안에 완벽한 놈, 매력적인 놈, 또는 대단히 성질 좋은 놈이 섞여서 아름다운 태양 빛을 받으며 서 있다 할지라도 지루하기는 마찬가지입니다. 만일 그 사이에 '보랏빛 소' 한 마리가 서 있다면 어떨까요? 비범한 그 소에게서 눈을 뗄 수가 없겠지요. 이것이 바로 주목할 만한 보랏빛 소의 힘이라고 그는 말하고 있습니다.

 그가 했던 말은, 당시에는 반은 맞고 반은 틀렸다고 했습니다. 책이 나온 후 10년간 여전히 평범한 광고를 앞세운 브랜드들이 명맥을 유지했던 게 사실이기 때문입니다. 그런데 요즘처럼 극한의 경쟁이 펼쳐진 시장에서는 사람들이 좀 더 까다롭게 선택하고 소비하려 합니다. 이런 시기일수록 세스 고딘의 말처럼 보랏빛 소라도 되지 않으면 살아남을 수 없는 것은 아닌가 하는 생각이 듭니다. 그것도 현실에서 볼 법한 것들이 아닌, 현실에선 절대 볼 수 없는 아주 비범한 마케팅이 아니면 이젠 정말로 살아남을 수 없습니다. '미쳤구나'라는 생각이 들 정도의 마케팅이여야 사람들은 그제야 보랏빛 소를 본 것처럼 그 브랜드를 떠올리며 지갑을 열게 됩니다.

웬만해선 그들을
자극할 수 없다

1996년, 역사상 가장 악명 높은 논란 하나가 발생했습니다. 펩시는 7백만 개의 '펩시 포인트(브랜드의 로열티 프로그램의 가상 화폐)'를 모은 사람에게 해리어 전투기를 제공하겠다고 발표했습니다. 하지만 이 모든 것은 농담으로 계획된 것이었습니다. 실제로는 제공되지 않는 보상이었지요. 펩시는 누구도 그렇게 많은 포인트를 모을 수 없다고 생각했습니다. 그런데 한 남자가 법적 허점을 이용해 전투기를 받을 수 있을 만큼 많은 포인트를 모았고, 펩시가 전투기를 제공하지 않자 소송을 제기했습니다. 펩시는 당시에 코카콜라와의 치열한 경쟁에서 이겨보기 위해 큰 무리수를 두었던 것이었지요. 나름 젊은이들의 마음을 얻어보기 위한 마케팅 일환이었는데, 관심을 끄는 데는 성공했지만 브랜드는 거짓말쟁이란 낙인을 얻게 되었습니다.

   펩시의 제트기 경품 프로모션이 당시엔 이뤄지지 못했지만, 이번에는 진짜로 제트기를 주겠노라며 나온 브랜드가 있어 엄청난 관심을 받고 있습니다. 앞서 언급했던 범상치 않은 마케팅으로 유명한 리퀴드 데스의 캔 워터 브랜드입니다. 'Dehydrator'라고 명명된 이 항공기는 'Aero L-39C Albatros'로, 시속 470마일의 최고 속도와 약 4,000파운드의 추력을 자랑합니다. 제트기 경품 프로모션 광고 영상에는 이 프로모션의 승자가 얻게 될 혜택들에 대해서 이야기합니다. 은근슬쩍 예전에 펩시는 안 줬지만 우리는 진짜 줄 거라는 메시지와 함께 말입니다.

   이 이벤트는 판매 촉진을 단기간에 증진시키기 위한 소매 프로모션의 일환입니다. 리퀴드 데스의 물을 구매할 때마다(최대 400캔) 한 번의 응모권이 주어집니다. 응모는 종이 영수증 사진을 찍어 'www.liquiddeath.com/jet'에 업로드하는 것입니다. 우승자는 리퀴드 데스를 1년 동안 마실 수 있는 혜택과 함께

6개월의 항공기 보관 공간, 그리고 제트기 조종사 헬멧도 함께 받게 됩니다. (사실 비행기를 받아도 조종하지 못하면 무용지물입니다. 6개월 동안 SNS의 자랑거리로 활용된다고 생각하면 됩니다.)

도대체 엄청난 비용과 여러 가지 규제를 뚫어야 하는 이런 말도 안 되는 이벤트를 리퀴드 데스는 왜 하는 걸까요? 리퀴드 데스는 철저히 큰 관심과 반향을 얻기 위함이라고 말합니다. 사람들은 이제 평범한 이벤트에는 관심을 주지 않습니다. <u>웬만해선 그들을 자극할 수 없는 것입니다. 그래서 웬만하지 않은 경험이 필요한 겁니다.</u> 어떻게든 자신들의 SNS에 자랑하고 싶고 공유하고 싶어지는 무언가가 필요합니다. 어디에도 없던 새로운 것을 보여주지 않으면 절대로 많은 관심을 받을 수 없지요.

여기에 더해 이런 이벤트는 엄청난 스케일을 자랑합니다. 엄청난 스케일과 초현실주의적인 경험을 제공하지 않으면 사람들의 관심을 얻기 어렵습니다. 관심이 없으면 기억 속에서 잊히게 되고, 구매 순간에 떠오르지 않는 브랜드가 됩니다. 구매 순간에 떠오르지 않는 제품은 결국엔 생존하지 못하게 되지요.

이제 제트기를 주는 이벤트까지 나왔습니다. 이러니 일론 머스크의 화성 프로젝트가 더 이상 허황된 이야기만은 아닌 것 같습니다. 머스크가 괜히 화성 프로젝트를 이야기한 것이 아니지요. 그 정도는 되어야 관심을 가지며 그래야 돈이 모이고 돈이 있어야 프로젝트가 이뤄질 수 있게 됩니다. 모든 브랜드가 같은 스케일을 보여줄 수 없지만 때로는 더 초현실적이고 스케일이 큰 경험을 제공할수록 슈퍼 포지셔닝의 지위를 유지하는 전략이 될 것입니다.

완벽하지 않아서
특별한 기억이 된다

때로는 가장 불편한 것이 가장 특별해지는 순간이 있습니다.
영하 5도의 얼음 침대에서 자는 것처럼 말이지요. 어떻게
이런 극한의 불편함을 견디는 경험이 연간 8만 명의 관광객을
끌어들일 수 있을까요? 이것이 바로 오늘날 브랜드 경험의
흥미로운 역설입니다.

    1,000톤의 얼음과 2만 7,000톤의 눈으로 만들어진 스웨덴의
아이스호텔(Icehotel)은 매년 봄이 되면 완전히 사라지는 놀라운
마법이 일어납니다. 일반적인 비즈니스 관점에서는 터무니없는
이 콘셉트가, 오히려 가장 강력한 브랜드 자산이 되었습니다.

특히 주목할 만한 것은 '아트 스위트룸'입니다. 전 세계 최고의 얼음 조각가들이 만드는 이 공간은 단순한 객실이 아닌 살아 있는 예술 작품입니다. 런던 지하철을 그대로 재현한 'Mind the Gap' 객실에서는 얼음으로 만든 플랫폼과 전철 의자에 앉아 도시의 설렘을 느낄 수 있고, '세상에서 가장 추운 사우나'에서는 극한의 온도 대비를 경험할 수 있지요. 이런 '초현실적 불편함'을 경험하는 일은 소비자에게 큰 매력으로 다가옵니다.

같은 맥락으로 미국에서 가장 파격적이고 혁신적인 마케팅을 하는 버거킹(Burger King)의 마케팅 전략을 보면 더욱 흥미롭습니다. 2020년 '곰팡이 핀 와퍼' 캠페인은 패스트푸드 업계의 모든 상식을 뒤집었습니다. 신선하고 맛있어 보이는 음식 대신, 곰팡이가 피어나는 햄버거를 광고의 중심에 두었죠. "우리는 방부제를 사용하지 않습니다"라는 메시지를 가장 충격적인 방식으로 전달한 것입니다. '불타는 매장' 캠페인은 더 대담했습니다. 실제 화재 현장 사진을 광고로 활용하면서 "패티를 불로 굽다 보니 이런 일이 생깁니다"라고 말했지요. 이 도발적인 접근은 2017년 칸 국제광고제에서 수상하며 그 창의성을 인정받았습니다.

한국 시장에서도 버거킹은 동일하게 대담한 행보를 보이고 있습니다. '와퍼 단종' 캠페인에서는 40년 역사의 제품을 갑자기 없애버리겠다고 선언했습니다. 소비자들의 당황스러움과 아쉬움이 최고조에 달했을 때, 더 업그레이드된 '뉴와퍼'를 선보였습니다. 이는 단순한 제품 리뉴얼을 하나의 드라마틱한 경험으로 승화시킨 것입니다.

여기서 주목할 점은, 이러한 경험이 반드시 '완벽'할 필요는 없다는 것입니다. 오히려 이 과정에서 느끼는 약간의 불편함, 예측 불가능성, 심지어는 불안감까지도 경험을 더욱 기억에 남게 만드는 요소가 될 수 있습니다. 아이스호텔의 차가운 객실이나, 버거킹의 도발적인 마케팅이 바로 그런 예시입니다.

결국 브랜드의 성공은 <u>얼마나 많은 제품을 팔았는지가 아니라, 얼마나 강력한 기억을 만들었는지에 달려 있습니다.</u> 소비자들은 이제 더 이상 단순한 구매자가 아닙니다. 그들은 경험의 공동 창작자이며, 이야기의 주인공입니다.

완벽하지 않기에 오히려 더 기억에 남는, 그런 순간들을 만들어내는 것, 이것이 현대 브랜드 마케팅 전략의 핵심입니다.

브랜드가 어떤 특별한 순간들을 만들어내고 있는지, 소비자들의 마음속에 어떤 잊지 못할 기억을 남기고 있는지에 대한 질문에서부터 전략이 시작되어야 할 것입니다.

리퀴드 데스가 경품 이벤트에 걸었던 비행기 Dehydrator jet.
사람들에게 이 행사에 많이 참여할 것을 독려하기 위해
직접 비행기를 탄 모습을 보여주는 광고 영상의 한 장면.

 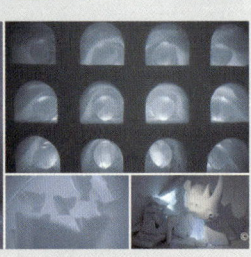

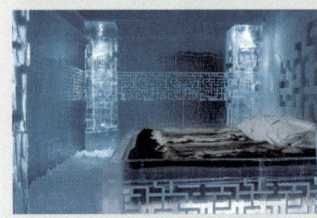 

아이스 호텔의 실제 모습들. 매해 짓고 허무는 호텔이지만,
매번 색다른 컨셉의 얼음 호텔을 만들어 사람들의
기대와 관심을 한 몸에 받는 것을 전략으로 하고 있다.
매일은 아니더라도 일생에 한 번쯤은 이런 특이한 호텔에서 자보는 것이
버킷 리스트에 있는 것도 괜찮지 않을까?

실제로 햄버거에 곰팡이가 핀 모습을 고속 카메라로 찍은 버거킹의 광고의 한 장면.
버거킹에는 유해한 방부제나 보존제 등이 들어 있지 않음을
곰팡이 핀 햄버거를 통해 알려준 캠페인이다.
이런 충격적인 비주얼을 광고로 노출하려면
어마어마한 용기가 필요하다.
그럼에도 불구하고 사람들은 이 정도의 래디컬한 전략이 있어야
크게 반응한다는 사실은 분명하다.

5.

강력한 제품력으로 차별성을 획득한 전략가들

잘파세대에게 신뢰를 보여줄 것

소셜미디어가 강력하게 자리 잡으면서 브랜드 스토리텔링은 중요한 변화의 흐름을 겪어왔습니다. 초기에는 '브랜드 그 자체에 대한 이야기'가 주를 이루었으나, 점차 '브랜드와 관련된 사람들의 이야기'로 그 중심이 옮겨가기 시작했습니다. 자신들의 제품이나 서비스에 대해 직접적으로 이야기하는 대신, 실제 고객들과 그들의 경험을 반영한 스토리텔링을 통해 좋은 결과를 만들어냈지요. 소비자는 단순한 제품 정보보다 자신의 삶과 연결된 이야기에 더 깊이 공감했던 것입니다.

  예전 대림 e편한 세상의 '진심이 짓는다' 캠페인은

스토리텔링이 사람들의 이야기로 무게중심이 바뀐 것을 잘 보여주는 사례였습니다. 이전까지는 광고의 대부분이 아파트 평수나 브랜드의 네임 밸류 등에 초점을 맞췄었다면, 대림의 새로운 광고는 아파트를 짓는 사람들의 철학과 진정성에 초점을 맞추었고 큰 반향을 일으켰습니다. 단순히 제품을 판매하기 위한 브랜드 스토리텔링이 아니라, 브랜드의 가치와 소비자와의 진정한 연결을 만들어내는 게 그 무엇보다 중요한 시절이었던 겁니다.

하지만 세대가 달라졌습니다. MZ세대도 아닌, 더 새로운 잘파세대(Generation Zalpha)는 그 어떤 세대들보다도 실용적인 세대입니다. 브랜드가 하는 사람들의 이야기는 그들의 마음에 감동을 줄 수 있지만, 그런 메시지와 이야기들이 그들의 구매와 선택에 큰 영향을 끼치지는 못합니다. 오히려 좀 더 직접적이고 확실하게 믿을 수 있는 제품에 손을 내밉니다. 감정적 연결(emotional engagement)에서 더 나아가 이제는 신뢰로 인한 차별화(trusted differentiation)를 이뤄내야 합니다.

품질로 증명해야
신뢰를 얻는다

2024년에 큰 반향을 일으켰던 마케팅 활동 중 하나는 하인즈(Heinz)의 '케첩 사기' 캠페인입니다. 단순히 브랜드 이미지 개선을 위한 광고라고 하기에 이 사건이 브랜드에 끼친 영향은 무척이나 실질적입니다. 판매는 물론이고 케첩이라 하면 하인즈밖엔 없다라는 절대 기준을 소비자들의 머릿속에 넣어준 캠페인입니다.

내용은 아주 간단합니다. 미국 식당은 식탁마다 케첩 병이 올라가 있습니다. 그 케첩은 대부분 하인즈입니다. 그런데 모양은 하인즈 케첩 병인데 내용물은 하인즈가 아닌 것 같은 식당이 있다면 신고해달라고 하는 겁니다. 이 광고는 어떤 식당 종업원이 주방 한구석에서 하인즈 케첩 병에 다른 케첩을 넣고 있는 모습을 보여줍니다. 이처럼 하인즈 케첩 병에 다른 케첩을 넣은 것 같은 의심이 드는 곳이 있으면 인스타그램으로 신고를 받아 소비자들이 참여하게 만들었습니다. 30만 건이 넘는 사람들이 신고를 하였고, 그중에서도 가장 유명한 케첩 사기가 벌어지고 있는 곳에는 하인즈 케첩을 무상 제공하는 것으로 케첩 사기 캠페인 영상은 끝납니다. 실제로 메이저리그 베이스볼 구단 중 가장 인기가 많고 유서가 깊은 구단 중 하나인 보스턴 레드삭스의 홈구장인 펜웨이 파크의 핫도그 가게도 이 케첩 사기의 신고를 받았습니다. 하인즈는 펜웨이 파크에 가서 하인즈 케첩을 제공하는 모습도 영상으로 담아냅니다.

  이 광고 캠페인을 보고서 많은 사람들이 머릿속에 가장 먼저 떠올린 것은 무엇이었을까요? 바로 하인즈 케첩이 진짜 원조이며 제품력이 뛰어나다는 것입니다. 하인즈 브랜드에 대한 이미지는 물론이고 제품에 대한 신뢰도가 더 높아지게 된 것이지요. 결국 광고가 매출로 전환되는 비율을 극도로 높일 수 있는 방법은 제품에 대한 신뢰도와 연결시키는 것입니다. 품질에 대한 강력한 신뢰가 남아 있을 때 매출의 효과를 더 크게 볼 수 있는 것이지요.

전 세계 최고의 글로벌 옥외 광고 업체인 제이씨데코(JCDecaux)의 'Meet Marina Prieto'라는 캠페인에서는 마드리드 지하철의 제이씨데코 광고판에 팔로워 수가 28명인 100세 할머니의 인스타그램 게시물로 도배를 했습니다. 이 아이디어는 그녀를 유명하게 만들어 팔로워 수가 수십만 명을 돌파하는 결과를 만들어냈습니다. 그동안 지하철 광고는 별로 효과가 없는 거라고 생각했던 사람들에게 지하철 광고만으로 무명의 할머니도 유명인으로 만들 수 있다는, 강력한 옥외 광고 미디어의 힘을 보여주는 캠페인이었습니다. 이 광고를 통해 185개의 신규 광고주를 영입하는 효과를 얻었다고 합니다. 옥외 광고 미디어의 투자도 두 배가 늘었습니다. 28명 팔로워의 할머니도 수십만의 팔로워를 가진 인플루언서로 만든 미디어라면 확실히 효과가 있는 것을 실제 숫자로 보여주었습니다.

이 두 브랜드의 마케팅 활동이 남긴 것은 제품이 얼마나 좋은지, 얼마나 믿을 만한 것인지가 중요해졌다는 사실입니다. 이전까지의 마케팅 광고 캠페인이 사람들의 감정을 흔들어 그 브랜드에 좋은 이미지나 선호도를 끌어올려 제품 판매까지 이어가는 방식을 취했다면, 이제는 그런 이미지성 광고 마케팅에 잘 반응하지 않습니다. 제품 그 자체가 얼마나 믿을 만한 것인지 객관적으로 증명해 보여주는 브랜드에 사람들이 반응한다는 사실을 인정해야 합니다. 오늘날의 소비자들은 그저 멋진 이미지나 감성적인 메시지만으로는 더 이상 설득되지 않습니다. 브랜드가 자신의 제품과 서비스에 대해 확신을 가지고 있는지, 그리고 그것을 증명해낼수 있는지를 날카롭게 지켜보고 있습니다.

하인즈는 '케첩 사기' 캠페인을 통해 자신들의 제품에 대한 절대적인 자신감을 보여주었습니다. 그들은 단순히 "우리 제품이 좋다"고 말하는 대신, 소비자들에게 직접 품질의 차이를 확인하고 증명할 기회를 제공했습니다. 이는 제품의 실질적인 가치와 품질에 기반한 래디컬 전략의 완벽한 예시입니다. 제이씨데코 역시 자신들의 광고 플랫폼이 가진 실질적인 효과를 증명했습니다. 무명의 할머니를 인플루언서로 만들어냄으로써, 그들은 미디어 파워에 대한 추상적인 주장이 아닌, 실제 결과를 통해 자신들의 가치를 입증했습니다. 이것이 바로 오늘날의 래디컬 전략이 나아가야 할 방향입니다. *단순히 튀는 것, 혹은*

일시적인 주목을 받는 것을 넘어서, 제품과 서비스의 실질적인 품질과 가치를 담대하게 증명하는 것입니다. 소비자들은 이제 더 이상 화려한 수사나 과장된 약속에 현혹되지 않습니다. 그들은 실체와 증거를 원합니다. 성공적인 래디컬 전략은 결국 제품의 본질적 가치와 품질에 대한 확신에서 시작됩니다.

하인즈와 제이씨데코의 사례는 브랜드가 자신의 제품과 서비스에 대한 자신감을 바탕으로 소비자들에게 과감하게 다가갈 때, 진정한 신뢰와 충성도를 얻을 수 있다는 것을 보여줍니다. 언더독들에게 이것은 특히 중요한 교훈입니다. 거대 자본과 기존 세력에 맞서기 위해서는, 단순히 그들을 모방하거나 작은 차별점을 만드는 것으로는 충분하지 않습니다. 대신, 자신만의 제품력과 품질에 기반한 담대한 래디컬 전략을 통해 소비자들의 마음속에 확고한 위치를 차지해야 합니다. 그것이 바로 현대 시장에서 언더독이 생존하고 성장할 수 있는 유일한 방법입니다.

압도적인 기능으로 명품이 된다

우리나라에서 갑자기 유행하며 많은 사람들이 사랑하는
텀블러로 자리 잡은 스탠리(Stanley). 이 제품의 한정판을
구입하기 위해 오픈런했다는 기사가 나올 정도로 많은 이들이
하나씩은 가지고 싶어 하는 텀블러입니다. 우리나라에서는
스탠리가 힙한 디자인으로 사람들의 열렬한 환호를 받았지만,
훨씬 더 실용적이고 현실적인 미국 시장, 그것도 미국의
잘파세대들에게 엄청난 사랑을 받을 수 있었던 것은 한 소비자가
올린 틱톡(TikTok) 영상 하나가 시작점이었습니다.

그 영상은 바로 자신의 차량이 화재로 전소되었는데 여전히

컵홀더에 처음 모습 그대로 있는 스탠리 텀블러를 보여준 영상이었습니다. 자동차는 불에 타버려도 스탠리 텀블러는 살아남을 정도로 내구성이 압도적으로 강하다는 것을 단번에 증명시켜주는 계기가 되었지요. 소비자가 남긴 날것의 영상이 몇 백만 달러의 광고도 해내지 못한 '절대 신뢰'라는 절대 반지를 선물하게 된 사건입니다. 여기에 스탠리도 가만히 있을 수 없었습니다. 이 영상의 주인공에게 자동차를 하나 선물하였고, 그 영상 또한 틱톡에 올렸는데 이번에도 사람들로부터 어마어마한 관심과 찬사를 이끌어냈습니다.

사람들은 실제로 일상 속에서 제품 기능의 우수성을 보여줄 수 있는 사례에 더욱 열렬히 반응을 합니다. 너무 날것이기에 오히려 믿을 수 있다고 생각하는 것입니다. 극한의 상황인 화재를 견뎌낸 스탠리 텀블러의 존재감이야말로 그 어떤 신뢰 있는 광고 메시지보다 더 큰 신뢰를 얻게 된 아주 운이 좋은 경우였습니다.

현재 미국에서 압도적인 제품 성능만으로 아웃도어 시장에 혜성처럼 등장한 브랜드가 있습니다. 최고의 아이스박스라 불리는 예티(Yeti)입니다. 예티라는 이름만 붙이면 보통의 아이스박스보다 10배가 넘는 가격이어도 사람들은 앞 다투어 구매하려 합니다. 여러 가지 이유가 있겠지만, '곰이 던지며 가지고 놀아도 부서지지 않고, 불에 타도 절벽에서 떨어져도 망가지지 않았다'라는 실제 전문가들이나 사용자들의 체험 후기 등이 이 제품의 신뢰도를 높이는 데 결정적인 역할을 한 것이지요. 호주의 줄라이라는 캐리어 브랜드도 마찬가지입니다. 야구 방망이나 망치로 때리고, 칼로 긋고, 콜라를 들이붓고, 토치로 지고, 줄라이 캐리어 네 개를 지프차로 깔아뭉개는 틱톡 영상을 442만 명이 봤을 정도로 큰 화제가 되었습니다.

　스탠리 텀블러가 화재에서 살아남은 영상에 왜 900만 명이나 되는 사람들이 하트를 보내주고, 그 어떤 환경에서도 상처가 나지 않는 예티의 제품을 왜 전문가들이 직접 나서서 많은 사람들에게 자발적으로 소개하는 걸까요? 자기 제품을 부수려 하는 줄라이의 영상에 왜 442만 명의 사람들이 시청하며 좋아해주는 걸까요? 또한 단순히 좋아하는 것을 넘어 경쟁 제품 대비 몇 배나 비싼 제품들을 기꺼이 구매하는 걸까요?

　텀블러도 그렇고 아이스박스, 캐리어 등 많은 브랜드들이 찍어 나오듯이 출시되었습니다. 이런저런 기능을 이야기하고 자신들의 강점과 차별점들을 이야기하는 게 너무나 많습니다. 가성비 좋은 브랜드들이 양산되다 보니, 본연의 기능을 하지 못하는 제품들 또한 너무 많아진 것이지요. 사람들은 빠르게 쓰고 버리고 다른 걸 사는 FMCG(fast moving consumer goods) 소비재에 신물이 났습니다. 뭐 하나를 입고 쓰더라도 제대로 된 제품, 설령 가격이 조금은 비쌀지라도 오래갈 수 있고 견고한 제품을 사용하고 싶은 욕구가 피어난 것이지요. 싸게 여러 개를 사기보다 제대로 된 제품 하나를 오래 쓰겠다는 마음입니다. 그러다 보니 사람들은 우수한 성능을 갖춘 제품인지 아닌지를 직관적으로 믿을 수 있는 증거를 보여줄 때 비로소 제품에 절대적인 신뢰를 가집니다. 급기야 망가질 수도 있는 극한 상황까지도 견뎌낸 것을 믿고 소비할 만한 제품이라고 생각하게 되었습니다.

어찌 보면 기존의 제품이 디자인이나 이미지로만 명품 자리를 얻었던 것에 반해, 이제는 완벽하고 확고한 기능의 강점을 가진 것에 더욱 열광합니다. 이것이 잘파세대들이 원하는 합리적인 명품은 아닌가 하는 생각이 듭니다. 겉만 번지르르한 것은 더 이상 이들에게 명품이 될 수 없습니다. 기능이든, 디자인이든 기존 제품들을 완벽하게 초월하는 무엇인가가 있으면 명품이라는 훈장을 달아줍니다. 이젠 압도적이고 탁월하며 파격적이면 가방이나 옷 등 패션만이 아닌 어떤 분야에서건 명품의 지위를 얻을 수 있습니다.

하인즈의 케첩 사기 인쇄 광고.
비어 있는 하인즈 케첩 통에 다른 케첩을 넣고 있는
식당 종업원들의 모습을 통해 사람들의 관심을 증폭시킨 캠페인이다.

스탠리 텀블러가 전소된 자동차에서도 끄덕 없이 살아있는 모습을 담은 틱톡 영상.
브랜드에서 만든 영상이 아닌 실제 소비자가 찍은 영상이었다.
그래서 더 많은 사람들에게 스탠리 텀블러의 제품의
우수성을 알리는 데 혁혁한 공을 세웠다.

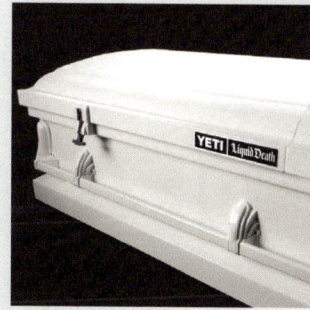
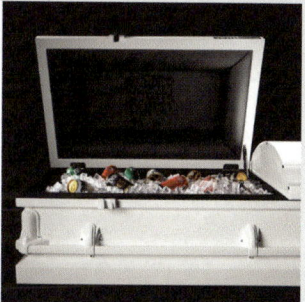

예티의 홈페이지에 있는 첫 화면의 곰이 예티를 부수려 하는 장면이 눈에 띈다.
그만큼 제품의 강함과 우수성을 알리고 싶은 게 그들의 핵심 목표다.
또 한편으로는 아웃도어에서 벌어지는 모든 곳에
예티가 있을 수 있다는 점을 알리기 위해 캠핑, 낚시, 사냥 등의
아웃도어 활동 전문가들의 다큐멘터리 필름을 활용한다.
그들의 일상과 같은 아웃도어 라이프에 예티가 자연스럽게 녹아져 있는 모습을 통해
'아웃도어'라 하면 예티가 가장 먼저 떠오르는 브랜드가 되는 데 큰 역할을 했다.

6.

내 편을 확실하게 챙겨서 이긴 전략가들

프러포즈는
한 명에게만 할 것

처음 TV 광고를 기획할 때 가장 큰 어려움은 누구를 겨냥해서 광고를 만들어야 하는 것인가였습니다. TV 광고를 보는 사람은 몇 천만 명에서 몇 십만 명 정도될 텐데, 그 사람들은 모두 성향도, 기질도 다릅니다. 그런데 어떻게 그런 다양한 사람들이 원하는 메시지를 전달할 수 있을까라는 물음이 항상 따라다녔습니다. 그 당시 한 선배가 유명한 마케터인 세스 고딘이 한 말을 해주었습니다.

"결혼을 예로 들어보자. 결혼하는 첫 번째 방법은 겉보기에 깔끔한 옷을 차려입고 싱글들이 즐겨 찾는 호텔 바나 클럽에 가서 거기서 만나는 모든 사람들에게 프러포즈를 하는 것이다. 단박에 상대방이 결혼하자고 할 때까지 시도해야 한다. 두 번째 방법은 내가 속한 집단이나 모임에서 만난 마음에 드는 사람과 데이트를 잡고, 또 한 번 더 만나면서 인연을 이어가는 것이다. 한 세 번쯤 만나다 보면 서로 취향을 알게 될 테고 열 번째 데이트에서는 상대방에게 원하는 것을 이야기하게 될 것이다. 스무 번쯤 보면 결혼을 꿈꿀지도 모른다. 보통 이 두 방법 중에 하나를 고르라 하면 대부분 두 번째를 고른다. 그런데 기업들은 마케팅 부문에서 첫 번째 방법을 아무렇지 않게 시도하고 있다."

타깃이 누구인지 정확하게 규정하고 좁히고 나서 그들만을 공략하겠다는 굳건한 의지가 있어야 그곳에서 파격적이고 강력한 컨셉이 나올 수 있는 것입니다. 좁은 타깃만이 날카로운 브랜드 컨셉을 만들 수 있는 전제 조건이 되는 것이지요. 이 컨셉이라는 것이 날카로우면 날카로울수록 그 외의 타깃까지 덤으로 얻게 됩니다.

때로는 내편만 챙겨야 이길 수 있는 길이 보입니다. 좁은 타깃은 날카로운 컨셉을 만드는 좋은 조건이 되기 때문입니다.

타깃을 이렇게까지 좁혀도 되나 싶을 정도로 방향을 설정해 성공한 브랜드의 사례를 통해 좁은 타깃의 한계가 어느 정도인지 가늠할 수 있는 기회로 삼아보도록 하겠습니다.

좋아하거나 싫어하거나, 논쟁을 만든다

정어리로 만든 파이나, 장어 젤리 같은 괴식으로 유명한 영국이라 그렇게 어색하진 않지만 마마이트(Marmite)라는 영국의 스프레드도 꽤나 맛이 평범하진 않습니다. 1866년 맥주 양조를 연구하던 독일의 화학자가 효모에 소금을 넣어서 농축해서 만든 것이라고 합니다. 색은 진한 갈색이고, 질감은 진득진득한데, 오히려 맛은 너무 짭니다. 발효한 효모로 만들어서 그런지 몰라도 냄새도 쿰쿰합니다. 도대체 이걸 어떻게 먹지 하는 생각이 들 정도입니다. 영국 사람들도 호불호가 갈릴 정도로 이 스프레드는 정말 괴이한 맛이 납니다. 그런데 재밌는 건 보통 이렇게 호불호가 극심하게 갈리는 제품들은 오래 살아남기가 꽤나 힘든데, 무려 122년이나 되었다는 사실입니다. 게다가 연간 2,500만 병(2022년 기준)이 팔린다는 데에 깜짝 놀랍니다. 거기에 또 한 번 더 놀란 것은 이 제품이 지극히 좁은 타깃으로 영국의 국민 스프레드가 될 수 있었다는 사실입니다. 바로 이 제품을 싫어하는 불호들을 겨냥한 전략을 세운 것이지요.

오래도록 사랑받아온 브랜드들은 종종 변화하는 시대에 대처하지 못해 위기를 맞게 됩니다. 마마이트도 웰빙 바람과 함께 1990년대부터 하락기를 걷게 됩니다. 이 위기를 마마이트는 어떻게 이겨냈을까요? 아마 보통의 브랜드들이었다면, 제품을 변화시켰을 것입니다. 마마이트를 구매하지 않는 사람들을 조사해서 그들의 입맛에 맞는 새로운 버전을 출시하거나 아니면 소비자들이 가장 싫어하는 핵심 포인트만 찾아서 살짝 바꾼다거나 하는 등의 변화를 모색해봤을 것입니다. 그런데 오히려 마마이트를 구매하지 않는 불호들의 인식을 바꾸기로 합니다.

어느 날 마마이트의 소비자 설문 결과지를 읽다가 광고 기획자였던 앤디는 머리가 터질 것 같은 답답함을 느꼈다고 합니다. 역겨운 냄새가 나는 데다가, 토스트에 묻은 갈색 얼룩처럼 보여서 마마이트를 싫어한다는 의견이 무척 많았기 때문입니다. 앤디도 설문지의 답을 보다가 순간 짜증이 확 밀려왔고 그러다가 동료인 리처드에게 하소연했습니다. "나도 마마이트 정말 싫다. 뭐 이딴 제품이 있어?" 그러자 리처드는 오히려 반대로 "오! 난 좋아하는데?"라고 말했습니다. 그 순간 두 사람은 같은 깨달음을 얻었지요. '아! 이거다!'

이렇게 서로 다른 호불호의 모습을 광고에 담기로 한 것입니다. 누군가 제품의 좋은 점을 강조해도 싫어하는 사람은 절대로 관심을 보이지 않습니다. 모든 사람들을 만족시키는 제품은 세상에 없기 때문입니다. 그저 싫어하는 사람도 있고, 좋아하는 사람도 있는 원래 호불호가 갈리는 제품이 있을 뿐이지요. 사람들이 그렇게 느끼고 행동하는 현상 그 자체를 있는 그대로 보여주기로 했습니다. 그래서 'Love it or Hate it' 캠페인이 나올 수 있었습니다. 캠페인의 내용은 정말 간단합니다. 마마이트에 열광하는 사람들을 보여주는 광고와 마마이트가 싫은 사람들이 어떻게 마마이트를 대하는지를 보여주는 두 개의 광고가 방송되었습니다. 마마이트를 바른 크래커를 거부하는 아기와 마마이트에 침을 뱉는 사람의 모습, 심지어 광고에서는 마마이트를 쇠사슬로 감아서 벽돌을 매달아 물에 던지는 장면도 나옵니다. 이렇게 자신의 브랜드 광고에 마마이트를 싫어하는 사람들의 모습을 그대로 담아서 만들었습니다. 이런 대립 구도를 브랜드의 관심으로 끌어들였습니다. 후에 들은 이야기로는 영국 사람들은 이런 있는 그대로의 모습을 솔직하게 말하는 브랜드에 호의를 보내는 경향이 있다고 하더군요.

이후에도 영국 총선 이슈를 활용해서 마마이트 찬성파와 반대파를 나눠 투표를 하는 캠페인을 하거나, 마마이트 선호도에 영향을 끼친 15가지 유전자 요소를 찾아내서 마마이트 진단 키트를 만들어 마마이트를 좋아하고 싫어하는 유전자는 따로 있는지를 알아보는 등 관심을 끄는 캠페인도 만듭니다. 마마이트는 첨예하게 호불호가 갈리는 곳에 지속적인 관심이 있다는 것을 알고 있었고, 이 부분을 그냥 놔두는 것이 아니라 갈등을 부추기는 역할을 통해서 소비자들의 마음을 얻게 되었습니다. 'Love it or Hate it'은 사람들의 갈등을 통해 관심을 보인 불씨와 같은 것이었지요. 그 불씨는 브랜드에 대한 지속적인 관심을 만들어냅니다. 어렸을 때를 생각해보면, 평범하게 있던 친구들보다는 나랑 싸우기도 많이 하고 의견이 달랐던 사람이 더 기억에 남지 않나요? 아예 관심을 받지 못해서 알려지지 않은 브랜드처럼 아무런 매력이 없으면 사람들의 기억 속에서는 잊히고 맙니다. 그렇게 되면 브랜드의 생명은 끝입니다. 앞으로 나아가기 위한 지속적인 논쟁으로 관심의 불씨가 사그라들지 않는 브랜드야말로 어떻게든 기억 속에 남아 있기 마련입니다.

집요한 타기팅으로
내 편은 확실히 챙긴다

평생 친구인 션 라일리, 라이언 미건, 제프 클림코스키는 2011년 시카고의 아파트에서 남성을 위한 대형 물티슈이자 변기에 흘려보낼 수 있는 듀드 와입스(DUDE Wipes)를 창업했습니다. 창업자들은 대학 시절 아기용 물티슈를 사용하면서 남성 전용 물티슈의 필요성을 느껴 회사를 시작하게 되었습니다. 2015년에는 미국의 투자 리얼리티 쇼 〈샤크 탱크〉에 출연하여 투자자 마크 큐반으로부터 30만 달러의 투자를 유치하며 주목받았습니다. 이후 듀드 와입스는 미국 전역의 주요 소매점에서 판매되며 성장하였고, 2023년에는 매출 1억 5천만 달러를 기록하며 미국에서 가장 빠르게 성장하는 남성 위생 용품

회사 중 하나로 자리 잡았습니다.

  그러나 성인용 물티슈의 가정 보급률이 34퍼센트에 불과하다는 점에서 창립자들은 아직 시장을 개척할 여지가 많다고 생각했습니다. 향후 화장지를 대체할 새로운 대안으로서 세상 사람들의 위생 문제를 해결하기 위해 적극적인 마케팅을 시작하게 됩니다. 먼저 카테고리에 대한 인식을 높이기 위해 남성들이 마른 화장지로 엉덩이를 닦는 현재의 구식 청결 방법을 다시 생각하게 하고, 물티슈인 듀드 와입스로 더 자신감 있는 청결함을 느낄 수 있음을 강조했습니다. 당연히 젖은 것이 마른 것보다 더 깨끗하게 닦이기 때문입니다. 듀드 와입스는 엉덩이 위생 문제를 의식하지 못하는 남성들의 관심을 어떻게 끌어모을 수 있었을까요?

  30초짜리 중독성 있는 주제가가 포함된 광고 영상을 만들어 현재 진행 중인 '남성들의 청결 운동'에 참여해야 한다는 메시지를 전달했습니다. 두 번째 광고에서는 '다시 배우는 닦기' 편을 통해 남자들에게 청결에 대한 인식을 고취하려 했지요. 교실을 배경으로 성인들이 풍선 모형 엉덩이를 사용해 듀드 와입스의 뛰어난 청결력을 배우는 내용입니다. 듀드 와입스는 남자들에게 같이 해도 된다, 그리고 우리가 가르쳐줄게라고 말하며 결코 부끄럽거나 창피한 일이 아님을 알려줍니다. 그리고 끊임없이 남자들에게 시도해볼 수 있는 기회를 제공합니다. 한 번도 사용 안 해본 남자는 있어도, 한 번만 사용한 남자는 없다는 생각으로 듀드 와입스는 가장 청결에 취약한 남자들을 끊임없이 공략합니다.

그중에서도 가장 취약한 남자들을 규정하는데, 대학교 신입생 남자들을 타깃으로 합니다. 미국의 유명 대학교에서 미니 쿠퍼 위에 똥 모양의 형상물을 달고 미니 푸퍼(Mini pooper)라 부르며 남자들의 관심을 모으고 이슈를 만들어냅니다. 이 차량은 일리노이대학교, 데이턴대학교, 오하이오주립대학교, 미시간대학교, 미시간주립대학교의 캠퍼스를 가로지르며 학생들에게 최고의 청결을 유지하는 방법을 알려주었습니다. 재치 있는 스티커와 차량 위에 올린 변 모형으로 꾸며진 이 차량은 시선을 사로잡았고, 몰려든 신입생들에게 독특한 샘플링 기회를 제공했습니다. 그 결과는 엄청났습니다.

창업자인 세 친구는 본격적으로 휴지 업계의 아웃사이더 정신을 자신의 브랜드에 탑재하기로 했습니다. 듀드(dude)라는 말이 주는 재미와 남자 친구들 사이의 유쾌한 분위기를 브랜드에 담으려고 했습니다. 그래야 그런 젊은 남자들이 공감하고 그들의 시선을 사로잡을 수 있기 때문이었지요. '엉덩이용 물티슈'를 파는 만큼, 친근함이 가장 큰 우선 순위였다고 말하며 브랜드의 핵심을 '친구스러움(dudeness)'이라고 정의합니다.

듀드 와입스의 기본적인 마케팅 전략은 '남자들을 놀려보자'입니다. 더러운 남자들을 망가뜨리고 놀리는 대상으로 만듭니다. 그들의 브랜드 페이지나 SNS를 보면 멋진 모델이나 세련된 제품 사진을 찾기가 정말로 힘듭니다. 위생 관념이 없어 보이는 남자들의 일상 모습을 거침없이 보여줍니다. 심지어 바지를 벗고 다니는 남자들의 모습을 인쇄 광고로 보여줄 정도입니다. 유쾌한 이야깃거리가 되는 것만으로도 충분하다고 판단한 것이지요.

듀드 와입스는 바이럴에 최적화된 브랜드입니다. 왜 남자들은 저렇게 안 씻는지, 굳이 물티슈까지 써야 하는지에 대한 토론할 거리도 있고, 여자들이 바라보는 남자들의 더러움도 이야기할 수 있고, 더러운 남자들끼리 놀릴 수도 있지요. 대놓고 웃을 수 있는 소재들로 남자들의 관심을 얻고 그들만이 공유할 수

있는 작은 커뮤니티 같은 존재가 되는 것이 듀드 와입스가
노리는 것입니다. 이런 놀림거리로 같은 남자들끼리의 연대감을
강화하게 됩니다.

특정 타깃들만 챙기고 남들은 신경 쓰지 않는 브랜드 전략은,
그 타깃이 아닌 존재들로부터 여러 가지 부정적인 면에 대해
공격을 받기도 합니다. 누구나 그 브랜드에 대해 불평과 불만을
말할 수 있습니다. 하지만 반대하는 존재가 확실히 있다는 것은
그 브랜드가 일을 제대로 잘하고 있다는 반증이기도 합니다.
적어도 내 편, 내 타깃에 대해서는 확실히 잘 챙기고 있다는
뜻이기도 하니까요.

*혹시 이 글을 읽는 지금 당신의 브랜드가 전혀 어떤 미움도
받지 않고 있다면, 그동안의 전략이 제대로 작동하지 않았다는
말과 다름없습니다.* 애정 없이는 미움도 없습니다. 미움도
에너지와 같아서 브랜드에 애정이 있어야 불평도 하는
것이거든요. 지금은 아무 일도 없고 불평의 소리도 없지만, 그
자리는 어쩌면 가장 나쁜 자리일 가능성이 높습니다.

가장 안전한 배는 항구에 묶인 배입니다. 하지만 배는 그
목적으로 만들어지지 않았습니다. 우리의 인생이나 비즈니스와

자신에게 주어진 일도 마찬가지입니다. 가장 안전한 게 가장 위험합니다. 용기를 내야 합니다. 눈을 질끈 감고 던져야 합니다. 바닷물 속에 어떤 적이 있는지는 모르지만 첫 번째로 물에 뛰어드는 펭귄처럼, 막막하고 어렵고 경쟁이 치열해서 돌파구가 안 보인다면 때로는 가장 위험해 보이는 방법에 몸을 던져야 합니다.

불호인 사람들이 광고의 타깃인 이상한 브랜드 마마이트.
마마이트를 좋아하는 사람도 불호인 사람도
모두가 관심을 갖게 만들기 위해 만들어진 광고이다.

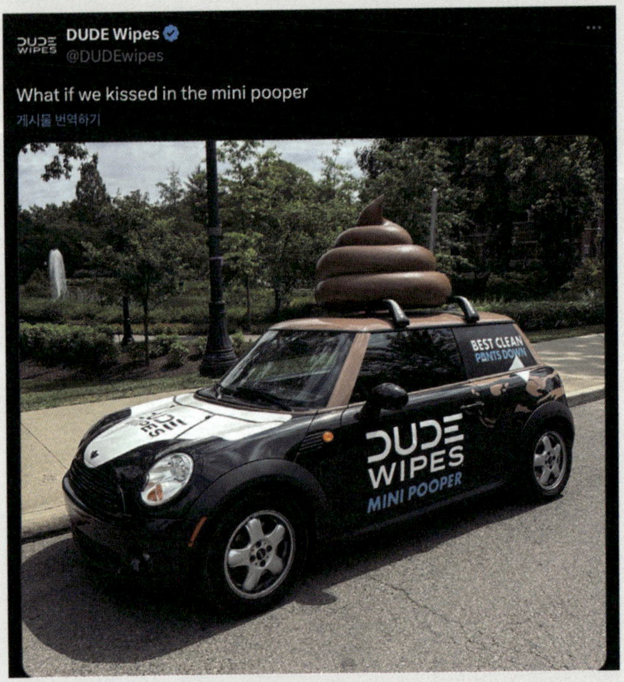
DUDE Wipes
@DUDEwipes
What if we kissed in the mini pooper
게시물 번역하기
BEST CLEAN
PANTS DOWN
DUDE
WIPES
MINI POOPER

남성들, 그것도 가장 더러운 남성들만 공략한다는 남성 청결 물티슈 브랜드인
듀드 와입스의 이벤트 프로모션 차량이다.
미니 쿠퍼에 똥을 얹어서 미니 푸퍼라고 부르며
미국의 대학교를 누비는 것으로 바이럴 효과를 극대화했다.

듀드 와입스의 세 명의 창업자는 〈샤크 탱크〉를 통해
전국적인 인지도를 얻게 되고, 이를 계기로 남자들의 열렬한 지지를 얻게 된다.
그들은 전통적인 방법으로는 남자들에게 다가갈 수 없다고 판단하여
남자들이라면 공감하고 받아들일 수 있는 파격의 수준을 유지한다.
듀드 와입스라면 바지를 벗고 속옷을 보여주고 싶을 정도로
깨끗하게 청결 유지가 된다는 것을 보여주는 광고부터
슈퍼볼이 개최되는 경기장 인근의 호텔에 거대한 텍스트로 만든 광고를 게재하는 등
보편적인 방법으로는 핵심 타깃인 더러운 남자를 잡을 수 없다고 생각했다.
앞으로도 이들은 더욱 평범함과는 거리가 먼 마케팅을 해야 한다고
굳게 다짐하고 있다고 한다.

7.
인류 역사상 가장 불안한 세대를 팬으로 만든 전략가들

잘파세대를
철저하게 지지해줄 것

사회심리학 분야의 대가인 조너선 하이트가 쓴 《불안 세대》란 책은 SNS에 노출된 우리의 젊은이들이 '병들고 있다'며 큰 문제 제기를 합니다. 그 병은 바로 '불안'입니다. 이들은 SNS에 프로필 하나를 올리더라도 남을 의식하고, 낯선 사람이 눌러주는 '좋아요'에 중독이 되고 있는 Z세대(Generation Z)와 알파세대(Generation Alpha)입니다. 그리고 이들을 합쳐 잘파세대라고 부릅니다. 이들은 온라인상에서 자기 자신을 관리하면 브랜드가 되고 그것이 돈이 된다는 것을 아는 세대입니다. 그러다 보니 끊임없이 다른 사람의 평가와 인정에 목이 말라 있습니다. '좋아요' 같은 제품 설계는 젊은이들을 도파민 중독에 빠지게 만들었고 이로 인해 그 어느 세대보다 우울증 비율이 높고 정신 질환 중 불안 장애를 겪고 있는 사람들이 많습니다.

 잘파세대만 그런 것은 아닙니다. 그들보다 수위가 높지 않을 뿐 요즘을 살아가는 누구에게나 해당하는 문제입니다. 우리 시대 전체가 도파민 중독에 빠져 있다고 해도 틀린 말이 아닌 상황이니까요. 많은 사람들은 더 이상 자기 자신에 대해 확신이 없고, 자존감은 더욱 낮아지며 내가 하는 행동 하나하나가 옳은가 아닌가를 판단하기 어려워합니다. 그런 불안 세대에게 브랜드가 다가가려면 얄팍한 상술의 메시지로는 안 됩니다. 이제 소비자들은 단순히 제품을 필요나 선호로만 사는 것이 아니라, 그 제품이 나의 마음까지 알아줄 때 지갑을 열고 있습니다. 소비자로서가 아닌 사람 대 사람으로 자신을 응원해주는 브랜드를 따르며 브랜드의 팬이 됩니다.

 타깃이 아직 자기 정체성이 확고히 다져지지 않은 젊은이나 10대들일수록 응원의 메시지를 통해 그들의 사랑을 받는 브랜드로 거듭나고 있는 것을 볼 수 있습니다. 젊은이에게 필요한 제품이 아니라, 마음의 친구와 같은 브랜드로 자리 잡고자 합니다. 힘과 용기, 그리고 새로운 생각과 과감한 도전 등 현실 세계에서 할 수 없는 것들을 대신해주면서 그들의 지지를 받고 있는 브랜드가 있습니다.

속 깊은 친구처럼
다가간다

"사람들은 당신의 제품을 사랑하는가? 그 제품 덕분에 자신을 더 사랑하게 되었는가?"

세스 고딘이 말했습니다. 사랑하게만 만들어줄 수 있다면 사람들이 별로 드러내고 싶어 하지 않는 브랜드나 제품이라도 열렬한 사랑을 받을 수 있다는 것입니다. 광고를 만들기 어려운 제품들이 있습니다. 몸과 관련된 위생 제품(생리대, 피임약, 여성용 면도기 등)은 기능이나 성능을 설명하기 어렵습니다. 여전히 이런 제품들은 돌려서 이야기하거나 은유적으로 표현하는 경우가 많습니다.

줄리 스콧은 이렇게 모두가 터부시하는 제품들을 숨기거나 가리지 않고 적극적으로 마케팅하여 Z세대의 열렬한 사랑을 받는 제품을 만들어낸 브랜드 전문가입니다. 그녀가 뛰어든 시장은 갑자기 커지거나 매출이 폭발적으로 늘어나지는 않는다고 대부분의 사람들은 생각했습니다. 여드름 패치, 생리대, 피임약과 같은 것들은 정말 필요한 사람들에게만 팔리고, 적극적으로 마케팅을 해서 볼륨을 크게 만드는 것도 어려운 제품들이란 선입견이 있습니다. 그런데 그녀는 이 시장을 뒤집어버렸습니다. 부정적인 언어와 이미지로 도배되어 있던 시장을 긍정적인 언어와 이미지로 바꿔 누구나 기피하고 꺼리던 제품을 모두가 당당하게 소비하고 싶은 제품으로 만들었습니다. 그녀가 성공한 세 가지 제품은 스타페이스(Starface)라는 여드름 패치와 자신의 이름을 붙인 피임약인 줄리(Julie), 그리고 10대들을 위한 금연 껌인 블립(Blip)입니다.

  그중 여드름 패치인 스타페이스는 '왜 여드름이 문제지? 왜 여드름이 난 것이 부끄러운 걸까?'라는 질문으로부터 만들어진 제품입니다. 여드름을 없애고 가리기 위해 붙이는 패치도 피부색과 동일한 것들로 사용하여 마치 없는 것처럼 보이도록 하는 것이 여드름 패치입니다. 그런데 줄리는 이 생각을 뒤집었습니다. 여드름 패치를 가리는 것이 아닌 패션 아이템으로 만들었지요. 여드름 패치인 스타페이스는 모양부터 이름처럼 별 모양으로, 색깔 또한 다양하게 만들었습니다. 이 제품을 이용하는 젊은이들은 여드름이 났다고 부끄러워하지 않고 스타페이스를 붙여서 더 멋지게 되었다는 마음이 들도록 하여 여드름이 난 자신에 대해 긍정적인 생각을 갖게 만들었습니다. 여드름 패치는 3년 만에 240만 세트가 팔릴 정도로 엄청난 인기를 끌었습니다. 또한 여러 가지 캐릭터가 있는 여드름 패치를 시장에 내놓으면서 그 성장세는 더욱 가속화되었습니다. 스타페이스는 단순히 여드름 치료제가 아닌 자신감 패치로 젊은이들의 머릿속에 자리 잡게 된 것입니다.

줄리 스콧은 사람들의 마음을 먼저 들여다보았습니다. 사람들 안에 가지고 있는 수치심과 자책감에 '괜찮다'고 이야기해줍니다. 이번에는 여드름 패치보다 더욱더 터부시되고 조심스러우며 숨기고 싶은 젊은이들의 비밀을 다시 한 번 파고듭니다. 바로 응급 피임약입니다. 사실 응급 피임약은 어른도 사용하기 어려워합니다. 이런 여성들에게 피임약은 나를 돌보기 위해 당연히 가져야 하는 필수품이 될 수 있도록 메시지를 던집니다. 줄리 스콧은 직접 자기 이름을 제품

이름으로 사용합니다. 줄리 스콧처럼 멋진 언니라면 쓸 법한, '나를 지키고 보호하기 위한 당당한 피임약'처럼 사람들에게 보이도록 말이지요.

금연 껌인 블립도 마찬가지였습니다. 요즘 10대부터 35세까지의 젊은 층의 흡연이 빠르게 확산되고 있습니다. 또한 담배는 중독 상태를 끊어내기 어렵다는 치명적인 단점이 있습니다. 금연하고 싶어도 좀처럼 금연하기 어렵습니다. 줄리 스콧은 주변 사람들이 주는 압력이 나의 행동에 영향을 크게 미친다는 것에 주목합니다. 그래서 스타페이스의 메시지처럼 담배를 피우는 것이 멋진 것이 아니라, 금연 껌을 씹는 것이 진짜 힙하고 멋진 것이라고 이야기합니다.

미국 10대 여성의 3분의 2가 자기의 외모에 문제가 있다고 생각하며 그로 인해 학업을 중단하고 싶을 때가 있다는 조사 결과가 있었습니다. 생각보다 많은 여학생들이 외모에 신경을 쓰며 '내 미소 때문에 학교 가기 싫다', '허벅지가 두꺼워서 체육 수업에 빠질 생각이다'와 같은 항목에 체크를 합니다. 어린 학생들의 외모 문제는 그들에게는 인생이 걸린 문제입니다. 그런데 부모나 어른들은 외모는 중요한 것이 아니니 신경 쓰지 말라고 말합니다. 그러니 누구도 이 문제에 대해서 알아주는 사람이 없다고 학생들은 생각합니다. 이 답답함의 실체를 어린 학생들은 정확히 알 수가 없지요. 이토록 나를 힘들게 하고 괴롭게 하는 생각, 걱정, 고민의 본질은 바로 '불안'입니다. 이 불안은 한번 생기면 꼬리에 꼬리를 물고 일어나지요. 연기처럼 걷잡을 수 없을 만큼 커져서 제대로 된 판단을 할 수 없게 만듭니다. 누군가 이 불안의 실체를 알게 해주지 않으면 절대로 사라지지 않습니다.

여드름 때문에 못생기게 보이진 않을까, 그래서 친구들이 싫어하진 않을까 하는 불안, 임신으로 인해 생길 수 있는 일들 때문에 생기는 불안, 담배를 피우는 것 때문에 친구들과 거리가 멀어질지도 모른다는 불안을 가진 아이들에게 그 누구도 아닌 브랜드가 '괜찮아 원래 너희들은 그런 거야'라고 다독여주는 것입니다.

들어주고 말할 수 있는 이가 아무도 없는 세상에서 나의 이야기를 다 아는 것처럼 이야기하며 괜찮다고 말해주는 그 브랜드를 사랑하지 않을 수가 없지요. 팔려고 애쓰기 전에 마음을 다독이며 들어주는 브랜드가 이 시대에 필요한 진정성 아닐까요?

  불안 세대와 친해지고 싶나요? 그들의 최애 브랜드가 되고 싶나요? '브랜드가 아니다 소비자다'라고 말한 노브랜드의 슬로건은 언제 어디서나 유효합니다. <u>소비자의 마음을 가장 먼저 생각하고 제품을 만들면 됩니다. 소비자를 맨 앞에 세우는 것이 가장 위대한 전략입니다.</u>

상품을 팔기 전에
마음을 파헤친다

제가 무척이나 좋아하는 《성경》 속 이야기가 있습니다. 옛날에는 사람에게 무엇이든 할 수 있는 전지전능한 힘이 있었다고 합니다. 사람들이 이 힘을 마구 남용하자 신께서 몹시 화가 나 누구도 함부로 사용하지 못하도록 이를 숨기기로 했습니다. 산속에 숨길까, 바닷속에 감출까 이런저런 고민 끝에 결국 마음속에 숨겼다고 합니다. 각자의 마음가짐에 따라 인생이 천차만별로 달라지는 이유가 바로 이런 것이 아닐까요? 거창한 이야기 같지만 이미 어떤 소비 층의 숨겨진 마음에 깊게 접근해서 성공한 브랜드는 꽤 많습니다.

젊은이들에게 수치심을 주는 신체 중 하나는 체모입니다. 요즘은 남성도 체모에 대한 고민이 많지만 특히 여성의 경우 체모는 사회 분위기와 이미지로 인해 반드시 관리되어야 하는 것이 되었습니다. 털이 있으면 자기 관리에 소홀한 여성인 것 같은 분위기가 형성되어 여자에게 면도는 의무인 것처럼 되었습니다. 이런 고정관념과 선입견이 틀렸다며 면도는 의무가 아닌 선택이라는 메시지와 함께 등장한 브랜드가 바로 여성용 면도기 빌리(Billie)입니다.

이 브랜드는 면도기를 팔기 위한 광고를 만들지 않습니다. 그저 여성들이 가지고 있는 면도에 대한 마음에 대해서 이야기하는 광고를 만듭니다. 빌리의 인쇄 광고에는 눈썹과 눈썹 사이가 붙은 일자 눈썹인 여성이 모델로 등장합니다. 마치 멕시코의 유명 화가인 프리다 칼로와 같은 모습입니다. '여자들도 눈썹 사이에 털이 있어. 밀고 싶으면 밀고 아니면 안 밀어도 돼. 그건 자연스러운 거야'라는 메시지를 던집니다.

또 다른 광고에서는 마치 남성 면도기 광고에서 나올 법한 사진을 패러디합니다. 콧수염이 난 남자와 그 옆에 같이 콧수염이 난 여자의 모습을 보여줍니다. 여자들도 콧수염이 나는 것이 당연하기에 부끄러워하지 말고 당당해지자고 말합니다. 광고를 통해 자신의 체모는 당연하고 자연스러우며 수염이 있어도 괜찮다고 말하는 이 브랜드에 여성들은 열렬한 지지를 보내고 제품을 구매합니다. 제품의 기능을 이야기하는 부분은 단 한 군데도 없지만, 빌리가 전달하는 공감의 메시지에 오히려 박수를 보냅니다.

'왜 여자만 체모를 없애야 하는 거지?'
'왜 여자는 겨드랑이 털을 밀어야 하는 거지?'
'왜 눈썹 사이에 털이 있으면 안 되는 거지?'

빌리의 창업자는 이 질문을 통해 여자들이 체모에 대해 느끼는 감정은 '서운함'이라고 파악했습니다. 그 서운함의 이유는 여자라면 당연히 관리해야 한다고 생각하는 사회적 시선 때문이라고 본 것이지요. 나에게는 별것 아닌 문제인데 나를 마치 무척이나 게으르고 여성스럽지 못한 사람처럼 대할 때 이 서운함은 밀려옵니다. 그런 순간이 쌓여 무거운 짐이 된 것이지요. 빌리는 그런 여성들에게 체모 따위는 내려놓아도 된다고 말해준 것입니다. '당연함의 서운함.' <u>그 마음을 위로하며 새로운 선택을 통해 위로받게 했다면 그게 전략이 되는</u>

것입니다.

　요즘 사람들은 절대로 브랜드가 만들어낸 이미지를 좇아가며 소비하지 않습니다. 사람들은 그 회사의 매출에는 관심이 없습니다. 자신이 힘겹게 번 돈을 지불한 대가로 무엇을 얻는지에 집중하되 나의 필요를 채우기 위한 수단으로만 구매하지 않습니다. 이미 필요를 채워주는 제품들은 너무 많으니까요. 수많은 제품 중 더 뛰어난 제품만을 찾기보다는 내 마음을 알아주고 공감해주는 브랜드를 선택합니다. 특히 자아 정체성이 약한 어린 세대들을 상대로 하는 브랜드라면 더욱 이 점을 확실히 알고 다가가야 합니다. 그들을 당당하게 만들어주고 자신감도 심어줘야 합니다. 나아가 자신의 모습을 부끄러워하거나 수치심을 가지는 사람들에게는 그럴 필요 없다고 말해주는 브랜드가 되어야 합니다.

　작은 트럭으로 미국의 유타 주에서 컵밥을 팔기 시작해 현재 연 매출 600억의 프랜차이즈로 성장시킨 일명 유타컵밥으로 불리는 컵밥(CUPBOB)의 송정훈 대표는 그가 성장할 수 있었던 결정적인 이유를 이렇게 말합니다.

"세일즈맨이 돼서 관계(relation) 형성을 하기 시작했습니다. 그때 깨달았습니다. 아! 사람의 마음을 움직여야 좋은 세일즈구나!"

이제는 어떻게 상품을 팔까(selling)를 생각하지 마세요. 어떻게 마음을 파볼까(exploring)를 고민해야 합니다.

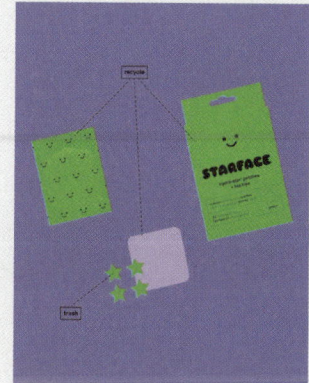

여드름 패치 스타페이스의 광고 이미지.
아이돌 콘서트에 가는 것과 같은 분장처럼 보이게 만들어서
선풍적인 사랑을 받았다.
여러 가지 귀여운 만화 캐릭터 패치는
10대들의 여드름을 가려주는 패션 아이템으로 자리 매김하게 되었다.

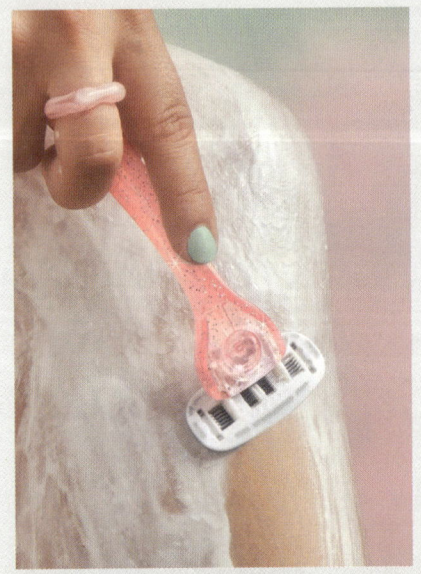

여성 전용 면도기 빌리의 인쇄 광고에는
마치 프리다 칼로처럼 눈썹과 눈썹 사이가 연결된
일자 눈썹을 가진 여성이 모델로 등장한다.

노량진에서 판매하는 컵밥을 유타에서 팔기 시작한 유타컵밥.
유타컵밥은 미국의 어떤 패스트푸드가 가지지 못한
한국인의 '정, 흥, 덤'이 컵밥의 가장 큰 핵심 가치라고 생각하고 있다.
한국인에게나 통할 것 같은 정, 흥, 덤이
미국 시장의 소비자들에게도 그렇게나 먹힐 줄은 그도 몰랐을 터.
맛도 맛이지만, 유타컵밥을 통해 길거리 음식에도 따뜻한 감성이라는
뛰어난 반찬을 넣어서 판매한 것이 유타컵밥의 최대 성공 포인트가 아닐까?

8.

진정성으로 승부를 본 전략가들

날것 그대로의
진실을 선택할 것

우리는 지금 역설의 시대를 살고 있습니다. 그 어느 때보다 화려한 콘텐츠들이 넘쳐나지만, 사람들은 오히려 날것 그대로의 진실에 목이 마릅니다. 최첨단 기술로 완벽한 이미지를 만들어낼 수 있지만, 소비자들은 불완전한 실제 모습에 더 큰 매력을 느낍니다. 브랜드들이 더욱 세련된 마케팅 전략을 구사하고 있지만, 대중은 투박하더라도 진정성 있는 메시지를 갈구합니다. 이런 시대에 우리는 어떤 선택을 해야 할까요? 완벽함을 추구해야 할까요, 아니면 진정성을 선택해야 할까요?

이 질문에 대한 답을 찾기 위해, 두 가지 흥미로운 사례를 살펴보려 합니다. 하나는 유명 격투기 선수가 보여준 의외의 성공 스토리이고, 다른 하나는 글로벌 뷰티 브랜드의 대담한 도전입니다. 이 이야기들은 겉보기에 전혀 다른 것 같지만, 그 핵심에는 동일한 진실이 숨어 있습니다.

'진정성'은 더 이상 선택이 아닌 필수입니다. '불완전함'은 더 이상 약점이 아닙니다. 오히려 그것은 강력한 마케팅 무기가 될 수 있습니다. 완벽하게 포장된 이미지보다 있는 그대로의 모습이 오히려 더 강력한 임팩트를 만들어낼 수 있다는 것이지요.

'진실'은 그 자체로 차별화 전략이 될 수 있습니다. 브랜드가 업계의 관행에 도전하고, 유튜브 콘텐츠 하나로 셀러브리티의 전형성을 깨뜨렸듯이, 진실은 때로 가장 강력한 주목도를 만들어내는 전략이 될 수 있습니다. '진정성'과 '전략'은 더 이상 대립되는 개념이 아닙니다. 오히려 진정성 그 자체가 가장 강력한 전략이 될 수 있지요. 마케팅의 새로운 패러다임은 '완벽한 거짓'에서 '불완전한 진실'로 이동하고 있습니다.

완벽한 거짓보다
불완전한 진실을 선호한다

오늘도 수많은 유튜브 알고리즘이 우리의 피드를 채우고 있습니다. 하루에도 수천 개의 새로운 콘텐츠가 쏟아지는 이 시대에, 우리는 무엇을 '진짜'라고 부를 수 있을까요? 한때는 스케치 코미디가 대세였고, 브이로그가 유행이었으며, 먹방이 전성기를 누렸습니다. 하지만 지금, 유튜브는 그 어느 때보다 다양한 콘텐츠로 가득한 춘추 전국 시대를 맞이했습니다. 그런데 문득, 우리는 이런 질문을 던져볼 수 있습니다.

"왜 어떤 콘텐츠는 폭발적인 인기를 얻고, 또 어떤 것은 그저 스쳐 지나가는 걸까?"

최근 가장 흥미로운 사례를 하나 소개하고 싶습니다. 바로 격투기 선수 추성훈의 이야기입니다. 그가 최근에 자신의 유튜브 채널을 열었는데, 장안의 화제입니다. 가히 폭발적이라고 할 정도의 관심을 받고 있지요. 그런데 그의 콘텐츠를 보면서 폭발적인 사랑을 받을 수 있는 이 시대의 브랜드 전략은 무엇인지를 알 수 있었습니다.

그의 유튜브 채널에서 가장 높은 조회 수를 기록한 영상은 바로 추성훈이 오래도록 해온 운동 비법을 담은 콘텐츠도 아니고, 대한민국에서 가장 콘텐츠를 잘 만드는 나영석 PD와의 만남도 아니고, 백만 명이 넘는 구독자를 가진 격투기 선수 후배 김동현과의 컬래버레이션도 아닌, 바로 그의 '어지럽고 더러운 집 안 공개' 영상이었습니다. 931만이라는 놀라운 조회 수를 기록한 이 영상은, 우리에게 중요한 마케팅 인사이트를 던져줍니다.

여기서 주목해야 할 것은 '진정성'이라는 키워드입니다. 롤렉스(Rolex) 시계를 차고 2천 원짜리 일본 편의점 디저트 먹방을 하는 추성훈의 일상적인 모습에 사람들은 열광하는 것이지요. 왜일까요? 그것은 바로 우리가 너무나도 완벽하게 포장된 이미지에 지쳐 있기 때문입니다. 최근 가장 주목받는 유튜브 프로듀서인 이석로 PD는 유명인들의 진정한 매력을 찾을 때, 그들의 즉흥적인 말과 행동에 주목한다고 합니다. 누군가를 관찰할 때 가장 중요한 것은 준비한 대본이 아닌, 순간적으로 튀어나오는 진심이라는 것이지요. 방송인 장영란이 '나는 B급 연예인'이라고 말할 때, 그 이면에 숨어 있는 'A급 인생'을 살고 싶은 열망을 발견한 것도, 배우 한가인의 수많은 발언 속에서 '자유로운 삶'을 향한 갈망을 포착한 것도 모두 이런 맥락이었습니다.

우리는 지금 '완벽한 거짓'보다 '불완전한 진실'을 선호하는 시대를 살고 있습니다. 소비자들은 더 이상 반짝이는 포장지로 둘러싸인 선물 상자에 현혹되지 않습니다. 오히려 그 포장지 사이로 살짝 비치는 진짜 모습에 더 큰 가치를 둡니다. 브랜드를 진정성 있게 만드는 것, 그것은 완벽함을 추구하는 것이 아닙니다. 오히려 불완전하지만 진실된 모습을 보여주는 용기에서 시작됩니다.

유명인의 화려한 일상이 아닌, 지저분한 집 안 공개 영상에 많은 사람들이 열광하는 이유를 기억하세요. 진정성 있는 브랜딩은 거창한 전략이나 화려한 기술에서 시작되는 것이 아닙니다. 가장 솔직한 모습, 때로는 불완전해 보일 수 있는 그곳에서 진짜 이야기가 시작됩니다. 이것이 바로 우리가 주목해야 할 사랑받을 수 있는 브랜딩의 비밀 전략입니다.

진실을 폭로할 때
무기가 된다

한 브랜드의 광고를 보면서 '와, 이건 진짜 대단한데?'라고 생각해본 적이 있나요? 저는 최근 디오디너리(The Ordinary)의 새로운 캠페인을 보면서 그런 전율을 느꼈습니다. 그들이 던진 화두는 단 하나입니다.

"진실은 평범해야 한다(The Truth Should Be Ordinary)."

뷰티 업계에서 새로운 제품을 론칭할 때면 으레 화려한 수식어구와 강력한 효과에 대한 약속이 따라붙기 마련입니다. 하지만 디오디너리는 정반대의 길을 택했지요. 그들은 업계의 불편한 진실을 폭로하는 것으로 새 제품을 론칭했습니다. 마치 뷰티 업계의 위키리크스처럼 말입니다. 이 대담한 전략의 중심에는 'thetruthshouldbeordinary.com'이라는 웹사이트가 있습니다. 여기서 디오디너리는 화이트 페이퍼 시리즈를 통해 뷰티 업계의 오래된 미신들을 하나씩 깨부숩니다. 파라벤이 실제로는 안전하다는 것, '천연' 성분이 오히려 독성을 가질 수 있다는 것, 데오드란트의 알루미늄이 해롭지 않다는 것까지, 그동안 업계가 조심스럽게 피해왔던 이야기들을 정면으로 다루고 있지요. 그중 가장 놀라운 점은 디오디너리는 자사 제품과 전혀 관련 없는 진실까지 공개한다는 것입니다. 예를 들어, 그들은 데오드란트를 판매하지 않음에도 데오드란트 성분에 대한 진실을 밝힙니다. 이번 캠페인을 만든 언커먼(Uncommon)의 기획 디렉터 마르코 델 발레는 "단순히 자사 제품을 위한 것이 아닌, '전체 뷰티 산업을 위한 움직임'인 것입니다"라고 이 캠페인의 의도를 밝힙니다.

    이 캠페인이 또 다른 특별한 이유는 바로 타이밍입니다. 요즘처럼 '진실'의 가치가 흔들리는 시대도 없습니다. 과학적 연구들은 유료화되거나 접근이 어려워지고, 허위 정보는 그 어느 때보다 빠르게 퍼져나갑니다. 이런 시대에 디오디너리는 과감하게 '진실'이라는 무기를 선택한 것입니다. 흑백의 미니멀한 광고들은 각각 하나의 진실을 담아 인쇄물, 옥외광고, 소셜미디어를 통해 퍼져나갔습니다. 마치 내부고발자의 폭로처럼 말이지요. 하지만 이건 단순한 폭로가 아닙니다. 모든 주장은 과학적 근거를 바탕으로 하며, 관련 연구 논문들은 누구나 접근할 수 있도록 공개되어 있습니다. 언커먼의 공동 창립자 닐스 레너드가 말했듯이, '이것은 그저 시작일 뿐'입니다. 디오디너리는 이미 뷰티 업계의 게임 체인저가 되었지만, 그들의 진정한 혁신은 이제 시작인 것 같습니다.

이 캠페인이 우리에게 주는 마케팅 인사이트는 명확합니다. *불편한 진실은 더 이상 감추어야 할 대상이 아니라는 것과 오히려 진실 그 자체가 가장 강력한 마케팅 무기가 될 수 있다는 것입니다.* 특히 소비자들이 브랜드의 진정성을 그 어느 때보다 중요하게 여기는 지금, 디오디너리의 이번 시도는 우리에게 중요한 교훈을 남깁니다.

당신이 알고 있는 불편한 진실은 무엇인가요? 어쩌면 그 안에 폭발적인 임팩트를 만들어낼 수 있는 힘이 숨어 있을지도 모릅니다.

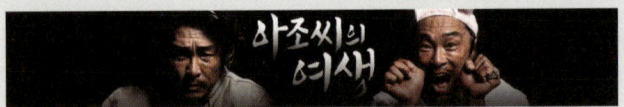

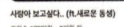

추성훈의 유튜브 섬네일만 봐도,
그가 이 유튜브에서 뭘 보여주고 싶은지 알 수 있다.
멋진 패션 감각을 뽐내는 것도 아닌, 스스로를 '아조씨'라고 부르는 것을
결코 부끄럽지 않아 하는 모습이 사람들의 격렬한 반응을 이끌어내고 있다.
유튜브 조회수를 통해 포장되고 가공되어진 것이 아닌,
날것 그대로의 모습에 대한 희구가 얼마나 강한지를 단박에 알 수 있다.

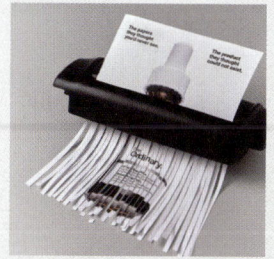

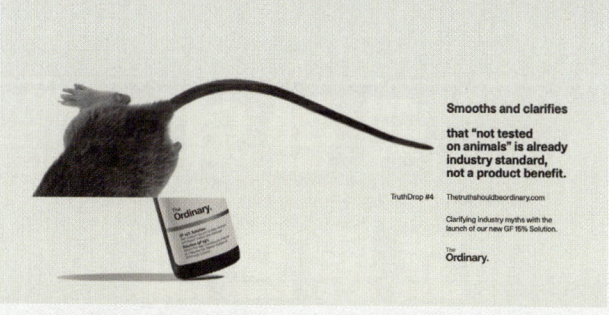
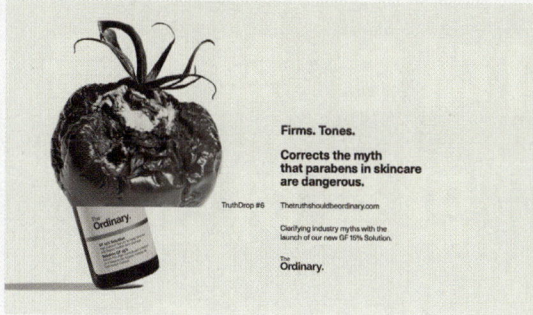

진실은 더 알려야 한다는 목적을 가지고 만든
화장품 브랜드 디오디너리의 파격적인 인쇄 광고.
비주얼적으로 흥미를 끄는 것뿐 아니라,
그 안에 담긴 내용도 화장품을 쓰는 여성이라면
누구나 관심을 가질 만한 것들로 구성되어 있다.

9.

극한의
고통으로
위대한 혁신을
만들어낸
전략가들

혁신의 가장 강력한
연료를 찾을 것

기업가 앤드루 윌킨슨은 이렇게 말합니다.

"성공한 이들은 대부분 불안과 스트레스를 늘 달고 살지만 그것이 생산성을 위한 동력이 된다."

유명한 투자자인 패트릭 오쇼너시도 비슷한 맥락의 이야기를 합니다. 놀라운 성취를 이룬 사람들은 하나같이 행복해 보이지 않았으며 오히려 그들은 괴로움 가운데 있을 때 더 위대한 것들을 해내고 있었다고 말이지요. 사실 우리는 고통이나 역경과 같은 감정을 너무 쉽게 흘려보내는 건 아닌가, 생각해봅니다.

대부분은 이런 부정적인 감정들은 어떻게든 피하려고 하지요. 아니면 무시합니다. 이걸 에너지로 활용해서 긍정적인 방향으로 노선을 바꾸는 역량이 참으로 부족합니다. 고통과 역경은 강력한 동기 부여 요소가 됩니다. 이건 수많은 역사가 증명해주는 사실이지요.

아무런 걱정과 고통도 없는 삶이 과연 행복한 삶일까요? 그런 삶은 아무런 동기 부여도 발전도 없습니다. 고통과 괴로움, 불편함은 특별하고 위대한 존재가 되기 위해 필요한 혁신의 가장 강력한 연료라는 것을 절대로 잊으면 안 됩니다. 고통과 불편함은 엄청난 집중력을 발휘하게 해줍니다. 이 마음을 가질 수 있는 자가 위대한 전략가가 됩니다.

익숙함에 지지 않는
선택을 한다

유명 예능 프로그램인 〈카다시안 패밀리〉로 알려진 미국의 워너비 셀러브리티 중 한 명인 킴 카다시안. 그녀는 우리가 알고 있는 전형적인 체형을 가지고 있지 않습니다. 그래서 그녀는 빅토리아 시크릿(Victoria's Secret)처럼 마른 몸매의 사람들이 입는 속옷은 입을 수가 없어 보정 속옷을 애용하는 편이었지요. 2010년 중반만 해도 여전히 여성들이 속옷에 몸을 맞추며 살았습니다. 그러다 'Body positive', 즉 '내 몸을 사랑하자'는 트렌드가 번지면서 다양한 체형의 사람들을 위한 보정 속옷이 유행했습니다. 그런데 문제는 보정 속옷이 체형을 커버해줄 수 있을지는 몰라도 다양한 인종의 피부색까지 고려하지는 못했던 것입니다. 카다시안의 피부색은 흑인도 백인도 아닌 그 중간 정도의 색이었는데, 자신의 피부색과 맞는 보정 속옷은 없었습니다. 그래서 그녀는 기존의 보정 속옷을 커피 티백으로 물들여서 입기까지 했다고 하니, 피부색을 맞추기 위한 고통이 얼마나 컸는지 짐작할 수 있습니다. 미국, 그중에서도 할리우드같이 노출이 심한 옷을 입어야 하는 곳에서는 속옷 색깔이야말로 연예인들에게 꽤 큰 스트레스임에 분명했던 것입니다.

 카다시안은 속이 보이는 시스루 드레스를 입고 한 시상식에 참석을 했습니다. 그런데 안에 비친 속옷 색깔이 다시 한 번 이슈가 된 것이지요. 이 사건이 불을 지펴 결국 그녀는 더 이상 참지 못하고 자신과 같이 전형적이지 않은 몸매와 피부색으로 인해 괴로워하는 수많은 사람들을 위한 속옷 브랜드 스킴스(SKIMS)를 만들게 됩니다. 스킴스는 그동안 여성들이 보정 속옷을 입으면서 불편했던 것들을 하나하나 해결해 나갑니다. 토스가 금융 앱의 불편함을 하나하나 해결하면서 금융의 슈퍼 앱이 되어가고 있는 것처럼, 스킴스도 디자인이나 색상을 통해 소비자의 마음으로 그녀가 느끼고 괴로워했던 것들을 해결해 나갑니다. 분명 자신과 같은 불편함과 괴로움을 해소해줄 수 있을 거란 마음으로 말이지요. 미국에 있는 수많은 인종의 피부색을 가진 사람들 모두 만족할 수 있는 다양한 색깔로 라인업을 구성합니다. 출시 당시 살구색의 샌드부터 진한 검은색인 오닉스까지 색상만 해도 열 가지였습니다. 사이즈 또한 XXS부터 4X까지 만들었습니다. 작고 마른 사람부터 슈퍼 사이즈의 여성들까지, 모든 여성들은 자기에게 맞는 색깔과 디자인을 갖춘 속옷을 입을 권리가 있음을 알리며 지금까지 속옷으로 인해 그런 권리를 누리지 못하며 괴로움에 시달린 것을 킴 카다시안의 스킴스가 해소해준 것이지요.

"역경에 과잉 반응할 때 분출되는 엄청난 에너지가 혁신을 만들어낸다." ─ 나심 탈레브

모든 인간은 익숙함 때문에 같은 고통을 참는 것을 반복합니다. 그게 고통스럽고 부끄럽고 불편해도 말이지요. _이 익숙함이 주는 안도감과 안정감은 삶을 변화시키지 못하도록 우리를 붙잡습니다._ 그런데 아이러니하게도 혁신적인 변화의 순간에는 항상 커다란 불편함을 마주한 누군가의 고민이 존재합니다. 그 무엇인가가 고통스럽다 느껴진다면 그것은 하늘이 우리에게 변화할 수 있는 기회를 준 것입니다.

킴 카다시안은 자신에게 처했던 고통과 불편함을 익숙함이라는 안정감 안에 가두지 않았습니다. 그녀는 고통에 익숙해지기보다 내가 더 나아질 수 있는 기회로 기꺼이 받아들였기에 스킴스를 만들 수 있었습니다. 만약 일상의 익숙함에 지지 않고 삶을 바꿀 기회로 생각할 수 있는 관점을 가진다면, 어느 분야에서든 위대한 브랜드를 만들어낼 수 있는 힘을 이미 가지고 있는 것과 다름없습니다.

벼랑 끝에서 혁신의
첫걸음이 시작된다

저는 늦은 나이에 결혼해서 40살이 넘어 첫째 아이를
가졌습니다. 아내도 40살이 다 되어서 첫 아이를 낳았지요.
아내가 수면 장애가 있어서 밤중 수유가 거의 어려워 첫째와
둘째 모두 제가 밤중 수유를 했습니다. 모유를 못 먹이다 보니
분유를 먹였지요. 그래서 분유에 대한 관심이 굉장히 많습니다.
심지어 매일유업에서는 장에 문제가 있는 아기들을 위해 이익이
남지 않아도 특수 분유를 만든다는 걸 보고선 매일유업에 대한
호의도가 엄청 올라갔던 기억도 있습니다. 그만큼 내 아이가
먹고 마시는 것에 있어서 최선을 다하고 문제가 있는 것을
해결해주는 브랜드에 대한 관심은 지대한 신뢰로 이어집니다.

미국 분유 시장에는 아이를 위한 최선의 분유를 만들어서 엄마들의 절대적인 지지를 받고 있는 브랜드가 있습니다. 바로 바비(Bobbie)라는 분유 스타트업입니다. 미국 분유 시장은 1, 2, 3등 브랜드가 확고히 과점하고 있습니다. 절대로 다른 브랜드들이 살아남을 수 없는 구조가 구축되어 있지요. 그런데 시장의 질서가 깨지지 않는 이유는 바로 미국 농무부의 저소득층 임산부와 영유아가 있는 가정에 식료품비를 지원하는 프로그램 때문입니다. 이 프로그램에 들어가 있는 분유 브랜드가 수십 년째 안 바뀌고 있는 것이지요. 그러다 보니 일반 소비자들에게 분유를 팔 때도 미국 농무부가 인정한 분유라는 인증을 받게 된 것입니다. 아이를 키워보면 알겠지만 국가나 공공 기관이 인정한 브랜드가 가지는 힘은 정말 큽니다.

이 브랜드들은 이미 어느 정도의 매출이 보장된 터라 굳이 더 좋은 상품을 개발할 필요가 없었습니다. 오히려 제품을 개발하면 가격이 올라가니 저가에 계속 공급하기 위해서라도 상품 개발에 비용을 쓰지 않습니다. 이 피해는 고스란히 다른 평범한 가정이 입게 되는 것이지요.

그저 평범한 한 아이의 엄마였던 바비의 CEO인 로라 모디는 첫 출산 후에 유방염에 걸려서 모유 수유를 할 수가 없었습니다.

그래서 괜찮은 분유를 찾아다녔습니다. 그러던 중 미국에서 팔고 있는 분유에는 아이들이 먹으면 안 되는 성분이 들어가 있는 것을 발견하게 되었고 자연스럽게 유럽 분유로 눈을 돌리게 되었습니다. 좀 더 건강하고 분유 기준이 엄격한 유럽의 분유에서 그녀는 가능성을 발견했습니다. 자신처럼 매번 유럽 분유를 사서 먹일 수 없는 아기들에게도 유럽 분유만큼 좋은 분유를 먹일 수 있게 해주고 싶었습니다. 그래서 나온 분유가 바로 바비입니다. 그녀는 진입 장벽이 어마어마하게 높은 분유 업체들에 대항해서 바비를 만들게 된 계기가 무엇이었냐는 인터뷰에 항상 같은 대답을 합니다.

"내 아이에게만은 좋은 것을 먹이고 싶다는 엄마의 순수한 마음입니다."

아이에게 좋은 분유를 먹이고 싶은 부모들이 더 이상 불법 시장을 전전하지 않고, 아주 일상적이고 불편함 없이 분유를 구할 수 있도록 만들고 싶었다고 합니다. 또한 아이에게 좋지 않은 것을 먹인다는 죄책감을 갖지 않기를 바라는 마음이었습니다. 내 아이를 위한다는 엄마의 간절한 마음이 있었기에 바비는 그 험난하다는 FDA의 기준을 충족시키는 제품을 만들 수 있었습니다. 내 아이에게만은 옳지 않은 것을 먹여서 고통을 겪게 하고 싶지 않다는 엄마의 순수한 마음으로 수십 년간 무너지지 않았던 철옹성 같은 미국 분유 시장의 질서에 균열을 만들어낼 수 있었지요.

"이혼 후 가난해서 아이들을 부양하는 게 너무 힘들어 죽고 싶었던 적이 있었다. 그때 나에게 왔던 배역들이 아무리 작은 것일지라도 돈을 벌어야 했기 때문에 최선을 다해 연기했었다. 그때의 고통스러웠던 시간들이 내 인생 최고의 연기를 만들어냈다."

영화 〈미나리〉로 한국인 최초로 아카데미 여우조연상을 받은 윤여정 배우가 인터뷰에서 한 말입니다. 고통은 평화와 달리 우리에게 고도의 집중력을 발휘시킵니다. 늑장과 망설임을 허용하지 않지요. 해결해야 할 문제를 우리의 턱밑에 들이밀어 당장, 그리고 모든 역량을 동원해 해결하지 않을 수 없게 만듭니다. 두려움과 고통, 역경은 긍정적 감정이 결코 따라갈 수 없는 강력한 동기 부여 요소인 셈이지요.

누구나 아무 걱정도 없고 고통도 없으며 스트레스를 받지 않는 삶을 꿈꾸고 희망합니다. 하지만 그런 삶에는 아무런 동기부여나 발전이 생기지 않습니다. 억지로 역경을 환영할 필요는 없지만, 주어진 문제를 회피하는 것도 능사는 아닙니다. 지금 주어진 고난이 인생에 있어 가장 창의적으로 문제를 해결할 수 있는 기회를 제공하기도 합니다. *고난은 세상에 없던 것들을 만들어내거나 한 번도 해보지도 않은 일을 하게 만드는 가장 강력한 연료라는 사실을 받아들여야 합니다.* 인생에 주어진 고통을 피하고 도망쳐서 도착한 곳에 천국은 없습니다. 지금 도망치거나 포기해버리면 더 좋지 않은 환경에서 다시 시작해야 합니다. 처음부터 말이지요.

(위) 가운데의 킴 카다시안은 시스루 드레스 속으로 비치는
검은색 속옷 때문에 엄청난 조롱을 받았다.
그녀가 모두의 피부색에 맞는 그리고 특이한 체형도 입을 수 있는
보정 속옷인 스킴스를 만들게 된 결정적인 계기가 된 사진이다.
(아래) 스킴스는 컬러만 13종일 정도로 다양한 인종의 다양한 피부색에 맞는 속옷을
만든다. 심지어 그 컬러감이 워낙 뛰어나서 스킴스만의 고유하고 다양한 살색 컬러로
헤드폰을 만들기도 했다.
그것도 세계적인 헤드폰 브랜드 비츠 바이 드레(Beats by Dre)와 말이다.
가장 힙한 헤드폰 브랜드가 속옷 브랜드와 컬래버레이션을 할 정도로 스킴스는
큰 파장을 일으켰다.

분유 스타트업 바비의 두 창업자들.
그녀들은 그저 평범한 가정의 귀여운 아이를 둔 엄마였다.
그저 내 아이에게 해롭지 않은 분유를 먹이고 싶은 마음뿐이었다.
그 마음이 1억 달러 규모의 유니콘 브랜드를 일구게 된
엄청난 동력이 될 줄은 누구도 몰랐을 것이다.

Part 2.

래디컬 컨셉은
어떻게
만들어지는 걸까?

1.

전략은
무엇이고
컨셉은
무엇인가

이기는 브랜드를 만드는
단 두 가지

예전 고려대학교 농구부의 박한 감독이 한 말이 아직도 제 머릿속에 남아 있습니다. 농구대잔치 시절 고려대학교와 연세대학교가 경기를 했습니다. 고려대학교가 수세에 몰리자 작전타임 때 고려대 박한 감독이 선수들에게 이렇게 말했습니다.

 "너희가 지금 경기에서 왜 지고 있는지 알아? 너희에게 두 개가 부족해서 그래. 공격과 수비."

 많은 사람들은 뻔한 이야기를 작전으로 지시하는 모습에 황당해했습니다. 그런데 사실 틀린 말이 아닙니다. 저는 한 브랜드 혹은 비즈니스를 만드는 것도 두 가지만 있으면 된다고 생각합니다.

컨셉과 태도(애티튜드).

컨셉이 공격이라면 태도는 수비입니다. 태도는 컨셉을 만들고 실행하며 결국 완성하고 성공할 때까지 버티게 해주는 내적인 힘이기 때문입니다. 강력한 내적 동기가 없으면 앞으로 겪게 될 수많은 난관을 이겨내고 결국엔 자기만의 색깔과 정체성을 가진 강력한 존재가 될 수 없습니다. 컨셉만으로는 안 됩니다. 컨셉과 태도를 다 가지고 있는 자만이 이 시대를 이겨내고 승리할 수 있습니다. 작지만 큰 것도 이길 수 있고, 오래되어도 새로운 것들을 이길 수 있습니다. 우리를 위대한 싸움꾼 전략가가 될 수 있도록 이끌어줄 래디컬 컨셉에 대해 먼저 알아보겠습니다.

래디컬 전략은
래디컬 컨셉에서 나온다

앞의 수많은 사례를 통해 래디컬 전략을 가진 브랜드만이 시대를 살아남는 자가 되는 것을 확인할 수 있었습니다. 이렇게 지독하게 파격적이며 때론 편협하고 극단적인 전략은 무엇으로 만들어지는 것일까요?

    래디컬 전략의 출발점은 래디컬 컨셉입니다. 명확한 컨셉 없이는 강력한 전략을 수립할 수 없습니다. 컨셉이 브랜드의 존재 이유와 핵심 가치를 정의한다면, 전략은 그 컨셉을 현실화하기 위한 구체적인 실행 계획이지요. 래디컬 컨셉이 '무엇'과 '왜'를 다룬다면, 래디컬 전략은 '어떻게'를 다루는 것입니다. 결국 시장에서 승리하는 혁신적인 전략은 남다르고 파격적인 컨셉에서 비롯됩니다.

 하지만 단순히 차별화된 컨셉을 가진다고 해서 강력한 전략이 자동으로 따라오는 것은 아닙니다. 컨셉이 전략의 출발점이지만, 그것이 실제로 효과적인 전략으로 발전하기 위해서는 컨셉이 명확하고 일관되게 작동해야 합니다. 그렇다면 왜 컨셉이 래디컬 전략을 설계하는 데 결정적인 역할을 할까요?

 래디컬 전략을 위해 컨셉이 그 무엇보다 중요한 이유는 여러 측면에서 찾을 수 있습니다. 무엇보다 컨셉은 복잡한 시장 환경에서 브랜드가 나아갈 방향을 제시하는 나침반 역할을 합니다. 시시각각 변화하는 비즈니스 환경 속에서 '이 결정이 우리 컨셉에 부합하는가?'라는 질문은 수많은 선택지 앞에서 길을 잃지 않게 해주는 중요한 기준이 됩니다. 또한 컨셉은 조직 내 다양한 부서와 구성원들이 동일한 목표를 향해 나아가게 하는 구심점이 됩니다. 마케팅, 제품 개발, 영업, 고객 서비스 등 모든 부서가 하나의 컨셉 아래 통합될 때 진정한 시너지가 발생하고, 이는 소비자 경험의 일관성으로 이어집니다. 더불어 컨셉은 소비자에게 브랜드가 전하고자 하는 약속을 명확히 전달합니다.

이 약속은 모든 전략적 실행의 일관성을 보장하는 기준이 되어 소비자의 마음속에 확고한 자리를 차지할 수 있게 합니다.

소비자의 마음속에 강력하게 자리 잡는 래디컬 컨셉은 단기적인 마케팅 전술이 아닌, 브랜드의 지속적인 성공을 위해 필수적인 전략의 토대인 것이지요. 아무리 뛰어난 전략도 명확한 컨셉 없이는 방향을 잃기 쉽습니다. 강력한 컨셉이 있어야 일관된 전략을 수립하고 실행할 수 있으며, 이를 통해 소비자의 마음속에 확고한 위치를 차지할 수 있습니다.

강력한 컨셉은
문제를 해결한다

흔히 컨셉이라고 하면 '우리 제품은 이런 점이 특별해요'라는 차별점 나열로 생각하기 쉽습니다. 하지만 진정한 컨셉은 그 이상의 의미를 갖습니다. 오늘날 승리하는 래디컬 컨셉은 소비자의 필요와 선호를 완벽하게 반영하면서, 경쟁사와는 확실히 구별되는 포지셔닝을 소비자의 마음속에 각인시키는 것입니다. 소비자가 특정 카테고리를 생각할 때 가장 먼저 떠오르는 브랜드가 되는 것, 이것이 바로 슈퍼 포지셔닝의 핵심입니다. 카페를 생각하면 '제3의 장소'라는 컨셉으로 휴식의 공간을 파는 포지셔닝을 가졌던 스타벅스(Starbucks)가 떠오르고, 러닝화하면 모두가 러닝화의 제품력을 이야기할 때

'Just do it'이라는 스포츠맨 정신으로 시장을 장악한 나이키가 떠오르는 것처럼 말입니다.

비지니스의 세계에서 진정한 승리는 한 번 소비자의 지갑을 열게 하는 것에서 끝나지 않습니다. 그들의 마음속에 강력하게 자리 잡아 계속해서 선택받는 브랜드가 되는 것이 진정한 승리입니다. 이것이 바로 래디컬 컨셉이 필요한 이유입니다.

래디컬 컨셉의 비밀은 소비자의 말하지 않는 속마음에 있습니다. 사람들은 종종 자신의 진짜 욕구나 고민을 명확히 표현하지 못합니다. 때로는 서로 충돌하는 두 가지 욕구 사이에서 갈등하기도 하지요. 예를 들어, 많은 소비자들은 건강한 식품을 먹고 싶지만, 맛있는 디저트도 포기하고 싶지 않아 하는 모순된 욕구를 가지고 있습니다. 또한 프리미엄 제품을 사용하고 싶지만, 동시에 합리적인 가격을 지불하고 싶어 합니다. 개성 있는 스타일을 추구하면서도 주변의 시선을 의식하는 이중적인 마음도 흔히 볼 수 있습니다. 이런 충돌하는 마음속 욕구를 발견하고, 그 갈등을 해소해주는 솔루션을 제공하는 것이 래디컬 컨셉의 출발점입니다. 유니클로(UNIQLO)는 '패션성'과 '실용성'이라는 충돌하는 소비자 욕구를 해결했습니다. 트렌디하면서도 기본에 충실한 디자인, 기능적이면서도 합리적인 가격대의 의류를 제공함으로써 '누구나 입을 수 있는 좋은 옷'이라는 컨셉을 구축했지요. 다이슨(dyson)은 '강력한 성능'과 '디자인적 아름다움'이라는 두 가지 욕구를 동시에 충족시켰습니다. 기존의 가전제품들이 실용성과 아름다움 사이에서 균형을 맞추기 어려웠던 반면, 다이슨은 뛰어난 기술력과 미니멀한 디자인을 결합해 '기능적인 아름다움'이라는 새로운 카테고리를 창조했습니다. 에어비앤비는 '여행을 떠나고 싶지만, 어디서나 집처럼 지내고 싶다'는 모순된 욕구를 해결했습니다. '호텔보다 편안한 숙소'라는 컨셉으로 새로운 여행 패러다임을 만들어낸 것이지요.

래디컬 컨셉을 개발하기 위해서는 먼저 소비자를 깊게 이해해야 합니다. 표면적인 니즈를 넘어 그들이 마음으로 품고 있지만 입 밖으로 꺼내지 않는 그 심리를 이해하고 찾아내야 합니다. 그리고 그 안에 있는 서로 충돌하는 욕구들을 발견해야 합니다. 이러한 갈등 지점이 바로 혁신의 기회가 됩니다.

중요한 것은 이러한 갈등이 단순한 현상이 아니라, 근본적인 문제로 규정될 수 있어야 한다는 점입니다. 즉, 우리가 해결해야 할 문제를 명확하게 정의하는 과정이 필수적입니다. 문제를 올바르게 정의하면, 해결책은 보다 선명하게 도출됩니다. 많은 혁신적인 브랜드와 제품이 기존의 통념을 뒤집는 문제 규정에서 시작되었습니다. 기존의 시장에서는 해결하려 하지 않았던 문제를 새롭게 정의하고, 이를 해결하는 방법을 제안하는 것이야말로 강력한 컨셉을 만들어내는 핵심 과정입니다.

문제를 해결할 방법을 찾았다면 이를 창의적인 컨셉으로서 표현해내는 방법을 모색해야 합니다. 이때 기존에 해오던 것, 관습적인 것들에 얽매이지 않는 발상의 전환이 중요합니다. 아무리 뛰어난 솔루션도 소비자에게 단순하고 명확하게 전달되어야 합니다. 복잡한 기술이나 개념 뒤에 숨어 있더라도, 소비자가 '이게 바로 내가 원하던 것'이라고 직관적으로 느낄 수 있어야 합니다. 결국 컨셉은 제품, 서비스, 커뮤니케이션 등 모든 접점에서 일관되게 경험되어야 합니다. 말로만 하는 정의하는 컨셉이 아닌, 실제 경험으로 증명되는 컨셉이 되어야 하는 것입니다.

2.

진짜 문제는
문제가 뭔지
모른다는 것

문제라는 과녁을 조준하기

왜 문제 해결이 아닌 문제 규정이 중요한 것일까요? 왜냐하면 문제 해결책의 대부분의 힌트는 이미 그 문제 안에 존재하기 때문입니다. 그래서 선배 광고인들은 광고주들이 주는 OT 페이퍼를 무조건 의심부터 했습니다. 광고주들이 주는 문제가 진짜 문제가 맞는지 의심하면서 말이지요. 혹은 상사가 주는 문제들도 제대로 된 문제가 아닐 수도 있다는 가정을 항상 머릿속에 가지고 살았습니다. 그래서 문제를 '물고', '뜯고', '씹고' 하는 게 정말 중요합니다. 문제를 제대로 규정하는 것은 결국엔 과녁 조준이기 때문이지요.

1960년대 미국과 소련의 우주 전쟁이 심해지던 때에 미국이 우주 탐사선에서 사용할 수 있는 볼펜 개발을 진행하게 됩니다. 무중력 상태이기 때문에 볼펜심에서 나오는 볼펜의 잉크가 제대로 작동하지 않아 우주인을 위한 볼펜 개발에 착수하기 시작한 것이지요. 이 볼펜 하나를 만들기 위해 나사에서는 수백만 달러를 들였습니다. 하지만 소련은 단돈 1달러로 이 문제를 해결했습니다. '우주에서 쓰는 것이 꼭 볼펜이어야 할까?'라고 문제 규정을 다시 했던 것이지요. '우주에서 쓸 수 있는 필기도구면 되는 것 아닐까?'라는 생각으로 1달러도 안 되는 연필 하나를 우주 탐사선에 태워서 보냈고 임무를 무사히 잘 수행했다고 합니다.

문제 규정이 얼마나 중요한지, 이것만 제대로 하면 얼마나 많은 돈을 아낄 수 있는지 알 수 있습니다. 많은 사람들의 삶 속에 숨겨져 있는 문제를 푼 사람들, 즉 '제대로' 문제를 푼 사람들이 어마어마한 기업을 일구는 시작과 단초가 되어 있음을 볼 수 있습니다.

컨셉을 만들어내는 문제는 그저 받아들여진 숙제가 아닙니다. 새로 규정해야 하는 과제입니다. 또한 문제를 새로운 문제 규정으로 만드는 것이야말로, 우리가 가장 시간을 많이 들여 노력하고 열정과 창의력을 뽐내야 할 부분입니다. 그리고 문제 규정의 과정은 문제에 대한 서로 간의 협의가 반드시 필요합니다. 내가 생각한 문제 규정이 모두 옳고 맞으리란 법은 없거든요. 결국엔 컨셉을 만들어내는 것은 한마디로 '어떻게 문제를 잘 찾고, 어떻게 해결책을 잘 발상할 수 있을까'입니다.

문제 뒤에 숨겨진
본질을 찾는다

"현상은 복잡하고 본질은 단순하다." — 아리스토텔레스

문제의 본질을 알고 문제를 제대로 규정할 수 있어야 그곳에서 컨셉이 나옵니다. 컨셉이 된 한마디는 솔루션이라기보다는 그 솔루션을 만든 문제 규정에서 나오는 게 대부분입니다. 무중력 상태에서도 사용할 수 있는 고체형 잉크 개발이 문제가 아니라 우주에서 필기할 수 있는 것을 찾은 것, 액티브 X의 불편함이 문제가 아니라 빠른 송금이 더 필요하다고 판단한 토스의 사례 등 결국엔 문제가 보여주고 있는 현상에 그치지 않고 한발 더 들어가 문제의 본질을 찾아보려고 하는 노력이 필요한 것입니다.

그러기 위해 먼저 우리에게 주어진 문제가 진짜 본질인지 아닌지를 끊임없이 묻고 또 물어야 합니다. 이 과정 없이는 진짜 문제를 밝혀낼 수 없지요.

문제의 현상에 머무르지 말고 문제의 본질 속으로 더 깊이 파고 들어가는 마음이 있어야 합니다. 한 수학 일타 강사는 수학을 잘하기 위해서는 끝까지 문제를 파헤쳐보려는 마음이 필요하다고 말합니다. 주어진 비즈니스의 문제도 현상 너머의 것을 보려는 노력과 시도를 끊임없이 해야 합니다.

문제 해결에 있어 최고라고 할 수 있는 아인슈타인은 이렇게 말했습니다.

"문제의 정의는 문제 해결보다 훨씬 본질적이다."

어떻게 문제를 규정하느냐에 따라 그 문제를 해결할 수도 있고 그렇지 못할 수도 있습니다. 컨셉은 결국 문제 규정만 잘해도 나올 수 있는 것입니다. 그럼 제대로 된 문제 규정은 어떻게 할 수 있을까요?

문제 '점' 찾기

"문제가 뭘까요?"라고 질문하면 대부분 이렇게 말합니다. 해결하기 어렵거나 난처한 일, 귀찮은 일이나 말썽 혹은 '문젯거리' 같은 표현을 씁니다. 문제란 개인이 당면할 것으로 예상되는 어려움이나 부정적 상태를 해결하기 위해 관심과 주의를 기울여 노력해야 할 대상이라고 생각할 수 있습니다. 정리하면 '해결되어야 할 것과 해결되지 못한 상태 사이의 괴리'라고 보면 어떨까 싶습니다. 그리고 그 차이를 좁히는 것이 곧 문제의 해결입니다.

예를 들면 요즘 가장 문제가 되고 있는 출산율 저하나 자살률

증가, 노인 빈곤 등 모두 이상적인 목표와 현재 겪고 있는 어려움 사이의 괴리를 보여주고 있지요. 이런 방식의 문제 규정은 기업이나 개인 비즈니스에서도 일어납니다. 어떤 기업은 매출이 떨어지는 게 문제고, 어떤 기업은 영업 이익이 안 좋아서 계속 적자인 게 문제고, 어떤 브랜드는 인지도가 너무 없는 게 문제입니다. 개인으로 보면 이성 문제, 성적 문제, 아이 문제 등 모두 해결되어서 좋은 상태가 되고 싶은 이상적인 목표와 현실의 차이가 워낙 커서 벌어지는 것들을 문제라고 하지요. 그런데 여기서 말한 문제들이 진짜 문제인 건 맞는 걸까요?

    그것은 문제 그 자체가 아니라, 문제가 야기한 결과론적인 상태, 즉 문제의 현상이라고 봐야 할 것 같습니다. 출산율이 저조한 것이 문제가 아니라, 출산율을 저조하게 만든 '근본 원인'이 진짜 문제이고, 기업의 인지도가 낮은 게 문제가 아니라, 브랜드의 인지도가 낮아지게 된 직접적인 원인이 진짜 문제인 것입니다. 적자인 게 문제가 아니라 왜 매출이 떨어지는지가 문제의 핵심입니다. 즉 컨셉을 만들기 위해 해결해야 하는 문제는 현상적인 여러 가지 이유가 퍼져 있는 '면'이 아니라, 원인적인 '점'과 같은 것입니다. 문제를 야기하는 원천 지점, 모든 현상이 일어나게 만든 볼링의 1번 핀이 바로 '진짜 문제점'인 것입니다.

　엘리베이터 기업으로 유명한 오티스 엘리베이터(Otis Elevator)가 문제가 아닌 문제점을 바라보았기에 지금의 슈퍼 브랜드가 될 수 있었습니다. 의심의 돌 하나가 마음속에 던져진 오티스 엘리베이터의 직원은 이렇게 생각합니다. 속도가 문제라기보다는 지루하게 엘리베이터를 기다리고 있는 시간이 낭비라고 느끼는 것이 문제라고 문제를 다시 규정합니다. 그럼 엘리베이터를 기다리는 동안 이용자들이 지루해하지 않도록 무엇인가 할 수 있는 것을 마련해주면 되겠지요. 해결책은 바로 '거울'이었습니다. 거울이 생기자 사람들은 자기 얼굴은 어떤지, 옷매무새는 괜찮은지를 살펴보느라 지루할 틈이 없게 되었지요. 엘리베이터를 빠르게 작동할 기술을 찾는 것에 비하면 어마어마한 비용을 절약한 셈입니다.

　창의성 연구로 유명한 스탠퍼드대학교의 티나 실리그 교수는 말했습니다.

　"문제의 틀을 바꾸면 해결책의 폭이 극적으로 변화한다."

결국 문제를 일으킨 근본 원인을 바라보는 관점의 변화가 문제점을 찾는 시작임을 알 수 있습니다. 애초에 문제의 틀을 바꾸는 것이지요. 그렇다면 문제를 해결하는 그 시작이자 핵심인 문제'점'을 찾는 방법은 무엇일까요? 네 가지의 단계가 있습니다.

# 3.

진짜 문제를
찾게 해주는
마법의 기술

해결책을 연상하는 법

답을 위한 답은 존재할 수가 없습니다. 문제 규정을 하고 해결책을 찾는 것은 결국 유(有)에서 유를 만드는 인간이 하는 일입니다. 너무 걱정하지 않아도 됩니다. 끊임 없이 '왜?'라고 묻는 질문이 우리에게 진짜 문제가 무엇인지 알게 해줄 것입니다.

 생각보다 별거 아닌데 따지고 보면 감동받는 아이디어들은 우리가 생각한 것보다 특출 나게 다르지 않습니다. 심지어 어디서 많이 본 것 같거나 한 번 정도는 생각해봤을 법한 착각을 일으키기도 하지요. 때로는 익숙해서 너무 식상하단 느낌마저 줄 수 있는 것이 이 해결책의 실체입니다. 너무 새롭거나 지나치게 복잡하다면 좋은 해결책이 될 수 없습니다. 왜일까요? 바로 사람들이 공감하기 어렵기 때문입니다. 해결책이 새로워서 흥행하는 게 아니라, 공감하기 때문에 흥행하는 것입니다.

차별화만으로는 요즘 시대의 해결책이 될 수 없습니다. 반드시 공감이 있는 차별화를 해야 합니다. 전혀 새롭고 뜬금없는 것이 아닌 살짝은 낯설지만 공감이 가는 것이어야 합니다. 진정한 해결책은 만들어내는 것이 아니라 연상하는 것입니다.

'단추'를 보며 '돼지 코'를 떠올리고 '초승달'을 보며 '손톱'을 떠올리는 것은 아주 자연스러운 연상 활동입니다. 우리는 이미 컨셉을 찾을 때 문제점을 찾는 것으로 래디컬 컨셉 기획의 90퍼센트를 수행했습니다. 사실 우리가 찾는 것은 전혀 새로운 아이디어가 아닙니다. 문제 규정에 따른 해결책이지요. 막연하게 새로움을 발상하는 것이 아니라 구체적으로 규정된 문제를 해결하는 방안을 찾는 것입니다. '문제 규정'을 제대로 하면 '해결책'은 자연스럽게 따라옵니다.

1단계:
문제를 의심하고
질문하기

엘리베이터 기업으로 유명한 오티스는 엘리베이터를 처음 만들었을 때 너무나 느린 속도 때문에 사람들의 항의를 많이 받았습니다. 당시만 해도 속도를 빠르게 할 수 있는 기술이 없었기 때문에 불평을 해결하지 못해서 무척이나 난감했었지요. 이때 오티스의 한 직원이 이 문제를 해결함으로써 지금의 오티스가 슈퍼 브랜드로 자리를 잡는 데 큰 공헌을 했습니다. 그 직원은 느린 엘리베이터가 아닌, 느린 엘리베이터가 만든 '지루함'이 문제점이라고 생각했습니다. 이에 대한 해결책으로 엘리베이터에 처음으로 거울을 설치했습니다. 거울은 사람들이 엘리베이터 안에 있는 시간 동안 얼굴은 어떤지, 옷매무새는 괜찮은지를 살펴보느라 별로 지루함을 느낄 수 없도록 만든 멋진 해결책이 된 것이지요.

오티스 엘리베이터 직원의 생각의 흐름을 보면 문제를 규정하기 위해 가장 먼저 한 것이 무엇인지 알 수 있습니다. 바로 '의심'입니다. 우리에게 주어진 문제가 진짜 문제, 즉 문제 '점'인지 아닌지를 의심합니다. 오티스 엘리베이터 직원은 무엇을 의심했을까요? 바로 '느린 엘리베이터가 불평의 원인이 맞을까?'를 의심합니다.

다른 사람의 질문이 아닌 본인 스스로 궁금증을 가져야 합니다. 세상에 주어진 것이 모두 다 맞을 거라고 생각하는 것은 핑계에 불과합니다. 생각보다 이 의심의 단계를 거치지 않는 경우가 무척 많습니다. 의심과 의문을 마주해야 한다는 확신이 들면, 자신만의 답을 찾고 싶은 마음이 생깁니다. 그럼 그 다음 단계로 넘어갈 수 있습니다.

그가 다음에 한 것은 무엇이었나요? 바로 '왜 이용자들이 불평하느냐?'였습니다. 즉 '왜(Why)?'로 시작하는 질문으로 그 다음을 이어갑니다. 물론 한 번의 질문으로 잘 찾아지지 않을 수도 있습니다. 그럼 거기서 그만두는 게 아닙니다. '아! 이거다!'라며 무릎을 탁 칠 만한 느낌이 들 때까지 '왜?'를 이야기해야 합니다. 문제의 본질이 이거라는 생각이 들 때까지 '왜?'를 찾아야 하는 것이지요. 깊이 있게 숙고하고 고민해야 나옵니다. 큰 결과를 얻고 싶다면, 깊은 고민을 해야 합니다. 노력은 배신하지 않거든요. 생각의 노력도 마찬가지입니다.

마리떼 프랑소와 저버(MARITHÉ FRANÇOIS GIRBAUD)는 제가 어렸을 때 꽤나 힙했던 옷이었습니다. 그런데 사라졌다 최근 새로운 로고 함께 새로운 이름인 마리떼(MARITHÉ)로 다시 돌아와 완벽하게 부활한 브랜드입니다. 제 기억으로 굉장히 파격적이고 도발적인 디자인이어서 인상 깊었던 브랜드였습니다. 원래 새로운 브랜드를 론칭하는 것보다 죽은 브랜드를 다시 살리는 게 더 어렵다고 합니다. 그런데 이 브랜드가 어떻게 다시 살아났는지 살펴보면 '왜?'라는 질문이 문제 해결을 위한 마법의 기술임을 알 수 있습니다.

2019년 당시만 해도 레트로 열풍이 있었습니다. 그래서 마리떼 프랑소와 저버도 그런 흐름에 맞춰서 1990년대를 오마주하는 컨셉으로 하면 되겠다고 생각했지요. 그런데 결과는 처참했습니다. 1년 매출이 3억 원이었고, 순적자만 5억 원 정도였습니다. 브랜드의 인지도는 있었지만, 매출은 전혀 성장하지 못했습니다.

'왜' 마리떼 프랑소와 저버의 매출은 늘어나지 않는 걸까요? 도대체 문제가 무엇일까요?

마리떼 프랑소와 저버의 리브랜딩을 통한 매출 증대의 문제에 직면한 신찬호 대표는 이 문제를 다르게 규정했습니다. 마리떼 프랑소와 저버의 문제는 '스타일'이 아닌 '브랜드에 대한 사람들의 선입견'으로 보았던 것이지요. 그래서 브랜드의 게임으로 돌파구를 마련합니다. 사람들이 마리떼 프랑소와 저버를 바라보던 그 선입견과 오해를 여러 면에서 해소해주지 못한 것이 문제의 본질이라고 판단했기 때문이지요.

특정 타깃만을 위한 브랜드라는 선입견을 벗어던지기 시작하자 자연스레 매출은 올라가게 되었습니다. 먼저 모든 사람들이 입을 수 있는 보편타당한 디자인을 추구합니다. 로고가 들어간 흰 티셔츠, 넥 칼라가 있는 집업 카디건, 레트로풍의 꽈배기 니트, 품이 넉넉한 워싱 청재킷 등 당장 누가 입어도 어색하지 않은 옷을 만드는 것이지요. 게다가 이름도 마리떼로 바꿈으로써 핵심 타깃인 여성들에게 어필할 수 있도록 했습니다. 저버라는 이름이 가진 제한성과 남성성의 이미지를 벗기 위해 이름까지도 바꾼 것이지요. 마리떼는 계속 '왜 그런 거지?'라는 질문을 던지면서 문제의 본질을 알게 되었습니다. 문제의 본질만 제대로 알면 사실 솔루션을 찾아내는 건 어렵지 않습니다.

요가복 업계의 명품이라고 불리는 룰루레몬(lululemon)도 '왜?'의 힘으로 지금처럼 전 세계 여성들에게 가장 사랑받는 브랜드가 되었습니다. 모든 브랜드가 그렇듯 성공적인 창업 이후 승승장구하던 브랜드는 어느 순간 큰 위기를 맞게 됩니다. 굉장히 뾰족한 타깃인 '요가하는 전문직 여성'만을 위해서 만들어진 옷으로 승승장구하던 브랜드였지만, 더이상 성장하지 않는 정체성의 위기를 만나게 되지요. 위기를 이기게 해준 '왜 그런 거지?'는 무엇이었을까요? 바로 '왜 룰루레몬은 요가를 하는 30대 전문직 여성들만을 위한 브랜드여야 하는 것일까?'였습니다.

룰루레몬은 그들이 창업 때부터 페르소나로 삼아온, 그래서 그들에게 지금의 성장을 가져다준 그 페르소나에만 의존하는 것이 문제라고 본 것입니다. 문제의 본질을 다시 규명하게 되면서 가져온 변화는 룰루레몬의 페르소나를 '누구나(Anyone who meets lululemon)'로 바꾼 것입니다. 사이즈부터 다양하게 만들었지요. XS에서 L밖에 없던 것을 2XL까지 만들었습니다. 창업자가 여성의 다양한 체형을 비하한 것을 수습하기 위한 조치이기도 했지요. 다음 단계는 남성복으로의 확장이었습니다. '누구나 입고 싶은 남성 운동복을 만들자'라는 생각으로 남성복 전문가를 영입해 좋은 원단으로 바지 속의 여유 공간을 넓게 잡아서 남자도 일상에서 편하게 입을 수 있도록 룰루레몬 남성복을 출시합니다. 그러면서 매출도 전년 대비 25퍼센트 성장하였습니다.

만약 룰루레몬의 매출 하락이라는 문제의 원인을 비싼 가격, 혹은 낮아진 브랜드에 대한 충성도로 규정했다면 이처럼 타깃부터 제품 형태까지 모두 바꾸는 혁신이 가능했을까요? 문제의 현상에 머무르지 않고 '왜 그런 거지?'라는 질문으로 더 깊이 들어가 '누구나'라는 문제의 본질을 찾았기 때문에 지금까지도 룰루레몬은 운동복 업계에서 존재감을 누릴 수 있게 된 것입니다. 문제의 본질인 문제점을 찾는 방법은 '왜 그런거지? 왜?'로 질문하는 것입니다. 그것도 문제의 본질이 나올 때까지 말입니다.

2단계:
사실과 현상을 제외하기

문제의 본질인 문제점을 찾기 위해 '왜?'로 질문하는 것은 크게 어렵지 않습니다. 실제로 현업에서 이런 작업들을 할 때 진짜 어려운 것은 '왜?'의 질문을 찾아낸 그 다음입니다. 도대체 뭐가 진짜 그 질문을 통한 문제의 본질인지 알 수가 없고 헷갈립니다. 광고를 만들 때도 문제점을 찾기 위한 질문을 무척 많이 합니다. 광고도 브랜드가 가지고 있는 문제나 목표를 카피와 영상으로 해결해주는 게 일이기 때문입니다.

'왜?'를 찾는 일을 하다 보면, 대부분 제대로 된 문제 규정을 위한 질문에 문제의 본질이 아닌 것들을 할 때가 참으로 많습니다. 나름의 문제 규정을 위한 질문을 각자 방법대로 찾아오는 것입니다. 하지만 어떤 것들은 문제의 본질이라기보다는 그냥 사실인 경우도 있고, 때로는 문제의 본질로 인해 일어나게 되는 현상인 경우가 참 많습니다. 처음부터 탁 하고 머릿속에 문제'점'이 떠오르는 사람은 거의 없습니다. 수많은 시행착오가 있어야 보석과 같은 진짜 문제, 즉 문제의 본질이 나타나거든요. 그래서 괜찮습니다. 다만 진짜 문제의 본질이 나타났을 때 그게 문제의 본질인지 아닌지를 알 수가 없게 되면 그게 더 큰일입니다. 대부분 그럴 때에는 문제의 본질, 사실, 현상 이 세 가지 중 하나입니다. 이 세 가지의 잣대를 들이밀면 본질에 더 가까이 다가갈 수 있게 됩니다.

문제의 본질을 오해하여 아무런 결과를 얻지 못한 해결책의 좋은 예가 바로 전통 시장 회복을 위한 대형 마트 휴무제입니다. 전통 시장을 많이 이용하도록 장려하기 위해 전통 시장에 사람들이 가지 않는 본질적인 이유에서 답을 찾은 것이 아닌, 대형 마트가 문제였다고 결론을 내린 것이지요. 그래서 일요일 대형 마트 격주 휴무제가 해결책이 된 것입니다. 주말에 대형 마트가 쉬면, 그 수요가 전통 시장으로 갈 것이라는 착각에서 비롯되었습니다. 전형적인 탁상행정이었습니다. 문제의 본질을 전통 시장에서 찾은 게 아니라, 전통 시장을 위협하는 경쟁자에게서 찾은 것이지요. 이것은 문제의 본질이 아닙니다. 전통 시장에 있어 대형 마트의 존재는 하나의 제약 조건이자 객관적 사실일 뿐입니다. 근본적인 문제는 전통 시장의 빈약한 경쟁력입니다. 가격, 위생, 접근성, 주차 등 전통 시장의 부족한 여러 가지 인프라는 생각하지 않고 단순히 대형 마트 때문이라고 결론을 내린 것이지요.

오티스 엘리베이터의 경우 '느린 속도에 대한 불평'은 현상이었습니다. '왜 이용객들이 불평을 할까?'라는 질문을 하다 결국 '지루해서 자신의 시간이 낭비되는 느낌'이라는 문제의 본질을 찾아낸 것처럼 모두가 생각하고 있는 그 문제를 먼저 의심하고 '왜 그런 걸까?' 계속 질문하며 현상과 사실인 것을 제외하다 보면 분명 어느 순간 진짜 문제의 본질을 마주할 수 있습니다.

3단계:
'왜 해야 하지?'를 질문하기

문제의 본질을 찾기 위한 첫번째 단계로 '왜 그런 거지?'라는 질문을 해야 한다고 했습니다. 그런데 어떤 문제는 같은 질문을 해도 문제의 본질이 안 나올 수도 있습니다. 그럴 때는 '왜 해야 하지?'라는 질문을 해보면 문제의 본질이 보이기도 합니다. '왜 그런 거지?'라는 질문이 현상의 원인을 밝히기 위해서 하는 질문이라면, '왜 해야 하지?'라는 질문은 전체 판을 조망하기 위해서 과제를 재해석하여 거시적 관점으로 문제의 새로운 해결책을 찾는 방법입니다.

문제의 본질을 찾아 해결책을 찾고 결국 컨셉을 찾고 싶은 것이라면 이 두 가지 질문을 다 해봐야 합니다. 현상의 원인으로 파 내려가 계속 문제점을 찾다 보면 시각이 협소해져서 문제 자체에 매몰되기도 합니다. 나무만 계속 바라보다가 거기에 매몰되어 있다면, 조금은 빠져나와 나무를 구성하고 있는 숲을 바라볼 때 전체 모습이 보입니다. 바로 이때 문제의 본질이 보일 수도 있습니다. 즉 문제를 해결하기 위해서는 두 가지 '왜?'가 필요합니다.

'왜 그런 거지?'
'왜 해야 하지?'

이 두 가지 질문을 반드시 해야 해결책을 찾기 위한 정확한 문제 규정을 찾아낼 수 있습니다. '왜 해야 하지?'의 질문을 이해하는 좋은 예가 《성경》에 있습니다. 모두가 아는 '솔로몬'이 지혜의 왕으로 알려진 그 사건입니다.

한 아기를 두고 두 여인이 법정에 섰습니다. 둘 다 눈물로 호소합니다. "이 아이는 내 아이다." 하지만 분명히 한 사람은 거짓을 말하고 있습니다. 오늘날이라면 DNA 검사 한 번이면 해결될 일이지만, 이 사건이 벌어진 시대에는 그런 기술이 없었습니다. 그때 솔로몬 왕은 상식을 깨는 방법을 제안합니다. "아이를 반으로 나누어 각각 절반씩 주도록 하라." 이 잔인한 판결에 방청석은 술렁였습니다. 그러자 한 여인이 소리칩니다. "아닙니다, 왕이시여! 제발 아이를 저 여자에게 주세요. 아이를 죽이지 말아주세요." 이 장면을 본 솔로몬은 단번에 판결을 내립니다. "저 여인이 아이의 진짜 어머니다."

이 이야기는 단순한 역사적 일화가 아닙니다. 여기에는 가장 강력한 크리에이티브 사고법이 담겨 있습니다. 솔로몬은 '어떻게 하면 친모를 가려낼 수 있을까?'라는 질문을 던지지 않았습니다. 대신, 그는 '왜 친모를 찾아야 하는가?'를 고민했습니다. 그리고 답은 명확했습니다.

첫 번째 질문: 왜 친모를 찾아야 하는가?
답: 아이를 위해서.

두 번째 질문: 아이에게 친모가 왜 중요한가?
답: 아이를 진심으로 사랑하는 사람만이 아이를 위해 희생할 것이기 때문이다.

솔로몬이 내린 판결의 핵심은 '친모 찾기'가 아니라 '사랑 찾기'였습니다. 문제의 본질을 '친모'에서 '사랑'으로 이동시키는 순간, 해결책은 명확해졌습니다. 이처럼 문제를 새롭게 정의하는 과정, 즉 '재해석(프레임 전환)'이야말로 창의적인 해결책을 만들어 내는 핵심 전략입니다. 결국 재해석을 해야 해결책이 나오고 그것을 만들어내는 마법의 키워드가 바로 "왜 해야 하지?"인 것이지요.

이제 이 이야기를 마케팅과 브랜딩에 적용해봅시다. 많은 기업은 스스로에게 '어떻게 하면 제품을 더 많이 팔 수 있을까?'라고 묻습니다. 그리고 이 질문의 답을 찾기 위해 경쟁사의 가격을 확인하고, 광고를 늘리고, 프로모션을 강화하는 전략을 세웁니다. 하지만 솔로몬의 방식대로라면, 질문 자체를 바꿔야 합니다.

첫 번째 질문: 왜 이 제품을 팔아야 하는가?
답: 고객의 문제를 해결하기 위해서.

두 번째 질문: 고객은 왜 이 제품이 필요한가?
답: 단순한 기능이 아니라, 더 나은 삶을 살기 위해서.

이제 문제의 본질이 '제품 판매'에서 '고객의 더 나은 삶'으로 바뀝니다. 그러면 해결책도 달라집니다. 단순히 가격을 낮추는 것이 아니라, 고객이 원하는 가치를 전달하는 방식으로 접근해야 합니다.

예를 들어보죠. 여성들이 가장 사랑하는 브랜드 중 하나인 도브(Dove)는 한때 단순한 '비누 회사'였습니다. 하지만 그들이 던진 질문은 달랐습니다. "어떻게 하면 더 많은 비누를 팔까?"가 아니라 "왜 여성들은 자신을 아름답다고 생각하지 않을까?"였습니다. 그리고 그 해답으로 'Real Beauty' 캠페인이 탄생했습니다. 이 캠페인은 단순한 제품 홍보가 아니라, 여성들에게 '당신은 있는 그대로 아름답다'라는 메시지를 전달하며 전 세계적으로 큰 반향을 일으켰습니다.

솔로몬의 판결과 도브의 사례에서 배울 수 있는 것은 하나입니다. 더 좋은 해결책을 원한다면, 더 나은 질문을 던져야 한다는 것. '어떻게 하면 더 많이 팔 수 있을까?'가 아니라, '왜 고객이 이 제품을 필요로 하는가?'를 고민해야 합니다.

당신의 브랜드는 어떤 질문을 던지고 있나요? 제품의 기능만

홍보하는 데 집중하고 있나요? 아니면 고객의 삶을 변화시키는 스토리를 전하고 있나요? 솔로몬이 수천 년 전 보여준 것처럼, 중요한 것은 '정답'이 아니라 '질문'입니다. 그리고 올바른 질문이 나왔을 때, 해결책은 스스로 모습을 드러냅니다.

4.

해결책을
래디컬
컨셉으로
표현하기

극단적이고 파격적으로 컨셉을
표현하는 네 가지 방법

제대로 된 문제점을 찾았다면, 사실 해결책을 찾아내는 것은 그리 어렵지 않습니다. 잘 규정된 문제점을 찾아내면, 90퍼센트는 답을 찾을 수 있게 된 것이나 다름없습니다. 잘 규정된 문제점 자체가 래디컬하기 때문입니다. 왜냐면 사람들이 보던 관점에서 전혀 다른 문제 해석을 가져온 것이기 때문이지요. 이제부터는 해결책을 사람들의 머릿속에 확실하고 끈끈하게 붙어 있게 하는 한마디, 즉 래디컬 전략으로 보이도록 표현할 수 있느냐 없느냐의 문제로 넘어갑니다. 물론 문제 규정만 잘해도 래디컬하게 되지만, 아무리 잘 규정된 문제점에서 나온 해결책이라도 그 해결책을 표현하는 방법이 사람들의 머릿속에 착 달라붙거나, 눈에 걸리지 못하는 말들로 구성되어 있다면, 그저 의미 없는 존재로 끝나고 말 것입니다.

지금부터 소개할 방법들은 컨셉 키워드가 사람들의 머릿속에 딱 달라붙고 오래도록 강력하게 자리 잡게 해줄 표현 기법으로서의 방법입니다. 설명적이고 딱딱한 아이디어를 직관적이고 임팩트 있는 언어로 풀어내지 않으면 상대의 행동을 바꿀 수 없습니다. 상대의 행동을 바꾸려면, 수많은 경쟁자들의 컨셉 대신, 우리의 컨셉을 소비자의 머릿속에 자리 잡게 해야 하는 게 먼저입니다.

은유의 법칙으로
슈퍼 키워드 만들기

낯섦과 공감의 연상

메타포(metaphor, 은유)란 특정 개념이 고유하게 사용되던 곳에서 빼내어 다른 곳으로 자리를 바꿔(meta) 은근슬쩍 옮겨놓아(phora) 그 개념이 전혀 새로운 의미로 전이되는 것을 의미합니다. 우리 일상에서 메타포는 너무나 많이 있습니다. 메타포는 복잡하고 쉽지 않은 개념을 직관적으로 설명해주기도 하지만, 눈에도 확 띄는 임팩트를 주는 것입니다.

요즘과 같은 경쟁이 치열하고 너무나 많은 브랜드들이 난무하는 시대에 우리가 보게 될 컨셉은 이 메타포, 즉 은유를 반드시 장착하지 않으면 사람들 눈에서 쉽게 스쳐지나가는 것이 되고 말 것입니다. 문제 규정의 해결책을 만들 때는 반드시 은유를 사용하기 바랍니다.

쿠팡은 '빠른 배송'이 아니라 '로켓 배송'이라고 하지요. 언요크드는 '오두막 숙박'이라고 하지 않고, '직장 생활의 해독제'라고 합니다. 이처럼 은유는 곧 '컨셉'이기도 합니다. 컨셉의 개념을 많이 어려워하지만 사실 별거 아닙니다. 기획에서 말하는 컨셉이란, '솔루션 아이디어'를 간결하게 요약한 것입니다.

컨셉(concept)은 함께 공감하는 것(con)을 잡는 것(Cept)입니다. 우리 주변에 컨셉들은 너무나 많습니다. 하지만 오래오래 기억에 남아 브랜드와 제품에 도움을 주는 강력한 컨셉은 별로 없습니다. 강렬하게 오래, 브랜드가 살아남으려면 은유가 가장 힘이 센 해결책 중 하나입니다.

매년 겨울이 되면 준비해야 하는 옷이 있습니다. 바로 내복입니다. 요즘에는 내복이 아닌 히트텍이라고 합니다. 바로 유니클로의 초경량 발열 내의입니다. 히트텍은 국내뿐 아니라,

전 세계적으로 인기를 끈 유니클로의 전유물입니다. 어떻게 이렇게 큰 인기를 얻을 수 있었을까요? '얇고 예쁘다', '따뜻하다' 정도로 이야기할 수도 있습니다. 하지만 이 모든 유니클로의 장점을 한마디의 멋진 은유적인 말로 아주 심플하게 풀어낼 수 있었기에 히트텍이 전 세계인들에게 쉽게 기능과 장점을 전달하게 되어 내복과의 차별성을 얻을 수 있었습니다.

"히트텍은 제2의 피부다."

유니클로는 히트텍을 얇고 예쁘며 더 따뜻하게 해주는 내복이라고 하지 않았습니다. 그들은 그저 내복과 다르게 이야기하고 그래서 새로운 존재의 출현으로 보이게 하기 위해서 '제2의 피부'라고 표현한 것입니다. 피부는 체온을 유지하는 역할을 합니다. 그래서 '제2의 피부'라는 말을 들었을 때 사람들은 자연스럽게 히트텍은 체온 유지를 잘하겠다고 생각합니다. 그리고 섬유가 체온 유지를 할 수 있는 '제2의 피부'가 되기 위해선 기술이 필요하지요. 그래서 발열 섬유 기술에 대해서도 말할 수 있습니다. 이름도 히트텍(Heat+Tech)입니다. 그리고 피부니까 얇겠지요. 히트텍이 론칭 초기에 만들었던 이 '제2의 피부'란 말이야말로 내복이라는

선입견에 갇히게 될 뻔한 문제점을 해결하게 만들어준 최고의
슈퍼 키워드가 될 수 있었던 것입니다.

"정상이 허락한 기술"

어떤 제품이 떠오르나요? 이 한마디는 노스페이스(The NORTH FACE)의 서밋(Summit) 시리즈라는 프리미엄 라인을 위한 키워드였습니다. 서밋 시리즈는 마치 산 정상에 올라갔을 때에도 완벽한 보온과 방수를 갖춘 초경량 제품을 말합니다. 등산복이 가져야 할 최고의 기술력을 담고 있는 제품 라인업이었습니다. 그 당시 문제점은 최고의 등산복 기술력에 대한 사람들의 인식 부재였고 이것을 해결해줄 키워드가 필요했습니다. 그게 바로 '정상이 허락한 기술'이라는 말이었지요. 최고의 기술력을 가진 것을 증명해 보일 수 있는 은유의 방법으로 '정상'이라는 단어를 가지고 온 것입니다. '정상이 허락한다'라는 은유적 표현으로 정상에서 아무런 문제가 없다는 것을 인지할 수 있게 한 것이지요. 정상에서 사용될 수 있는 보온, 방수, 초경량이라는 사실을 구구절절 보여주거나 딱딱한 기술적인 표현 없이도 최고임을 한번에 인지시킨 것입니다.

비즈니스 모델로서의 활용

　은유는 비즈니스 모델이 되기도 합니다. 접이식 자전거의 대명사인 브롬톤(BROMPTON)은 도시의 자유를 주는 자전거라는 독특한 키워드를 가지고 있지요. 브롬톤의 매력은 도시에서 브롬톤을 탈 때 알게 된다고 말합니다. 엔지니어 앤드류 리치는 런던의 출퇴근길이 너무 힘들어서 브롬톤과 같은 접고 다닐 수 있는 초경량의 자전거를 만들었습니다. 버스나 지하철뿐 아니라, 도심 어디든 가지고 다닐 수 있는 자전거였지요. 심지어 슈트에도 어울릴 수 있게 미니멀한 디자인으로 만들었습니다. 특히 접는 방식이 굉장히 혁신적이었는데, 자전거 몸통 안으로 두 바퀴가 다 들어가 접으면 바퀴 크기 정도됩니다. 심지어 세상에서 가장 작게 접히는 자전거로 무게는 10킬로그램밖에 안 됩니다. 그래서 이 자전거는 '자유를 주는 자전거'라 하였습니다. 복잡하고 현란한 도시를 살아가는 사람들이 이 자전거를 탈 때만큼은 자유를 느낄 수 있다고 비유한 것입니다.

　다른 수많은 카페 브랜드들과 차별화된 포지셔닝을 갖기 위해 스타벅스가 찾아낸 해결책은 바로 '제3의 장소, 즉 도심의 오아시스'였습니다. 할리데이비슨(Harley-Davidson)은 단순히 오토바이가 아닌 '자유'를 의미합니다. 나이키는 운동화가 아닌

'스포츠맨 정신'이지요.

　　은유의 본질은 결국 닮은 꼴 찾기입니다. 서울대학교의 인문연구소 김헌 교수는 은유에 대해 '메타포는 개념의 닮은 구석을 찾아 바꿔치기하는 것'이라고 말합니다. '노년은 인생의 황혼'이라는 말은 노년과 황혼이 닮았다는 말이지요. 닮은 구석을 찾아 과감하게 붙이는 것입니다. 은유로 해결책이 표현되면 사람들은 강렬하게 그 해결책이 의미하는 것이 무엇인지를 느끼게 됩니다. 요즘과 같이 미디어가 수없이 많고, 경쟁 브랜드가 넘쳐나는 때에는 가장 심플하고 임펙트 있는 해결책을 표현하는 은유가 아주 강력한 방법 중 하나입니다. 좋은 기획 아이디어에는 은유가 은근하게 숨어 있습니다.

　　아이디어를 '단 한마디'로 표현할 수 있나요? 아이디어가 너무 빤하게 보이나요? 그렇다면 은유를 사용해보세요. 그 전략은 래디컬한 브랜드로 만들어줄 수 있습니다.

낯선 두 단어의
기괴한 임팩트 만들기

대비되는 단어의 만남

　드라마 〈멜로가 체질〉의 한 장면을 떠올려봅니다. 여자 주인공(드라마 작가)이 넋이 나간 듯 바닥에 누워 있습니다. 그 앞으로 무릎을 꿇고 몸을 낮춘 남자 주인공(감독)이 케이크와 커피가 든 쟁반과 함께 노트북을 쓱 밉니다. 그러면서 말합니다.

　"누워서라도 쓰세요."

　감독은 작가가 원고를 써줘야 촬영할 수 있으니, 당신이 힘든 상황인 건 알겠는데 일단 좀 써달라는 얘기입니다. 그러자 작가가 그 노트북을 힐끗 보며 이렇게 답합니다.

"참 따뜻하게 잔인하다."

이 장면에서 '따뜻하게 잔인하다'라는 표현이 주는 강렬한 인상에 주목해보세요. 서로 극명하게 대비되는 두 단어가 만나 만들어내는 이 모순적 조합은 평범한 표현으로는 담아낼 수 없는 복잡한 감정과 상황을 정확히 포착해냅니다. 바로 이것이 컨셉을 래디컬하게 표현해주는 힘입니다.

일을 끝마치고 힘들게 집으로 가면 몸이 천근만근입니다. 그때 아이가 같이 놀자며 장난감을 들고 와 하나를 제게 건넵니다. 그런데 제가 하기 싫은 티를 내자 아이는 이렇게 말합니다.

"아빠는 누워서 해."
"녀석…. 훈훈하게 잔혹하군."

'훈훈하다'와 '잔혹하다'는 나란히 쓰지 않습니다. 그런데 이렇게 막상 붙여놓고 보니 낯설긴 해도 무슨 뜻인지 와 닿습니다. 이처럼 서로 충돌하는 개념들을 의도적으로 결합시키는 방식은 컨셉을 구축할 때 강력한 임팩트를 만들어냅니다. '따뜻하게 잔인한', '훈훈하게 잔혹한' 같은 표현들이 우리의 주의를 끄는 이유는 기존의 관념을 깨고 새로운 의미의 영역을 창조하기 때문입니다.

래디컬 전략을 구사하는 브랜드들은 이런 대비의 충돌을 적극적으로 활용해야 합니다. '고급스러운 실용성', '거침없이 정교한', '세련된 파괴' 같은 모순적 개념들은 소비자들의 머릿속에 더 오래 남고, 더 깊은 인상을 남깁니다. 기존의 카테고리에 쉽게 분류되지 않는 이런 개념적 충돌은 브랜드에 독특한 위치를 부여하며, 경쟁사들이 쉽게 모방할 수 없는 차별점을 만들어냅니다. 이러한 대비의 충돌이 효과적인 이유는 우리의 뇌가 모순을 만났을 때 더 적극적으로 작동하기 때문입니다. 익숙한 것을 만났을 때보다, 예상치 못한 조합을 만났을 때 우리의 주의력과 기억력이 더 활성화됩니다. 래디컬 전략을 위한 컨셉은 바로 이런 인지적 충돌을 통해 소비자들의 마음속에 더 강력하게 각인됩니다.

단어를 새롭게 대하기

'중력과 싸우는 속옷'이라는 말을 들으면 떠오르는 브랜드가 있습니다. 바로 일본의 속옷 브랜드 마르코(MARCO)입니다. 중력은 밑으로 내려가려는 힘이고, 그것과 싸운다고 하니 딱 봐도 나의 가슴을 업시켜준다는 의미로 이해가 됩니다. 중력과 싸운다고 하면, 와이어나 소재 등 자세한 스펙을 설명하지 않아도 기능적으로 탁월함을 느낄 수 있습니다. 중력과 싸운다는 이 간략하고 심플한 한마디로 모든 기능적인 우월성, 브랜드의 지향점, 그래서 소비자들이 얻게 되는 혜택(몸매)이 무엇인지를 상상하게 만들어주었습니다. 이 컨셉은 다지인, 진열 등 여러 가지 마케팅 활동의 구심점을 잡아주는 역할을 하기도 합니다.

중력이라는 단어는 보통 있다 없다 또는 중력이 크다 작다로 표현이 되곤 합니다. 그렇지만 중력과 '싸우다'라는 낯선 단어를 붙임으로써 사람들에게 임팩트도 얻고 제품이 가지는 의미(볼륨을 잘 살려준다)도 효과적으로 전달할 수 있는 것입니다. 낯선 두 개의 단어가 만나서, 재미(임팩트)와 의미(제품의 강점 전달)를 모두 잡아 파격적이고 압도적으로 돋보이는 컨셉이 되었습니다.

"시험지가 좁은 아이들"

"대한민국이 좁은 아이들"

    우월감에서 나오는 인사이트를 뽑았던 키워드들입니다. 이것들도 '시험지'와 '좁다'라는 단어와 '대한민국'과 '좁다'라는 낯선 단어들의 조합으로 만들어진 것입니다. '좁다'라는 의미를 넘어선 제3의 더 나은(better)의 의미로의 확장이 이뤄집니다. 낯선 두 개의 단어가 조합하는 것은 그냥 관심만 끄는 역할로 끝나면 안 됩니다. 정확히 의미하고 목표로 하고 있는 소비자들의 기대 반응을 이끌어내는 역할까지 감당할 수 있는 단어의 만남이어야 합니다. 즉 두 개의 단어가 만나서 1+1=2가 아니라 1+1=5, 아니 10의 결과를 만들어낼 수 있어야 한다는 것입니다. 그래서 낯선 두 단어를 찾는 것은 참으로 어렵지만 잘만 해내면 엄청난 결과를 가져올 수 있습니다.

치트키가 되는
숫자의 법칙

1의 법칙

극단적이고 파격적인 컨셉은 심플한 단어로 사람들의 머릿속에서 그 의미를 강력하게 자리 잡게 만드는 것입니다. 심플하게 한마디로 하는 데 가장 좋은 방법 중 하나는 '숫자'라는 기호를 쓰는 방법입니다. 누구나 쉽게 외우고 쓸 수 있고 머릿속에 스티커처럼 딱 달라붙는 컨셉을 만들 때 특히 큰 효과를 발휘합니다.

가장 힘이 있는 숫자로 많이 쓰이는 것은 바로 '1'입니다. 1은 최초의 의미를 담고 있기도 하고, 때로는 오직 하나(only one)의 의미도 내포하고 있습니다. 1은 또한 혁신과 용기라는 의미도 담을 수 있습니다. 물속에 첫 번째로 뛰어드는 펭귄을 '첫 번째 펭귄'이라고 하며 용기 있는 개척자 정신을 갖고 있는 혁신자를 표현할 때도 이 표현을 씁니다.

스웨덴 혁신청은 '1분 도시'라는 키워드를 발표했습니다. 주민들의 참여를 통해 집으로부터 1분 거리 내의 구역을 이상적인 장소로 바꾸는 프로젝트라고 합니다. 가까운 공간을 어떻게 사용하고 싶은지 아이를 비롯한 지역 주민들이 함께 아이디어를 내서 정하고 목재 키트로 구현했습니다. 여기서의 1분은 가깝고 친숙하고 친밀함을 보증해주는 말이 됩니다. 1은 이외에도 어떤 것에 붙여도 가장 먼저, 최고(best), 최상의 의미를 가지고 있습니다. 그래서 이런 존재감을 가진 브랜드나 제품들이 언제나 사용해야 하는 기호가 바로 1입니다.

숫자에 의미 담기

1 다음으로 많이 쓰이는 것은 '3'입니다. 스타벅스의 론칭 컨셉이 바로 집과 직장 사이에 위치한 편안한 장소를 의미하는 세 번째 장소(3rd place)입니다. 여기서는 새로운 대안의 개념을

가지고 있는 숫자로 3이 쓰입니다.

숫자를 내세워서 품질을 꽤나 신경 쓰는 치킨 브랜드로 자리 잡게 만든 경우도 있습니다. 바로 60계 치킨입니다. 깨끗한 새 기름으로 매일 60마리만 조리하며 기름을 재사용하지 않는다고 하여 마치 굉장히 좋은 상태의 기름으로만 조리하는 것과 같은 이미지를 얻게 해준 숫자였지요. 하지만 실제로는 대부분의 치킨 가게도 하루에 60마리 정도만 조리를 하고 기름을 바꾼다고 한다는 이야기가 퍼지면서 조금은 실망했을지 모르지만, 적어도 60이라는 숫자로 인해 우리가 전혀 알지 못하던 치킨 브랜드가 지금은 다섯 손가락 안에 들어가는 치킨 브랜드로 자리 잡았습니다.

예전에 스톰(Storm)이라는 패션 브랜드가 있었습니다. 이 브랜드의 로고는 '292513'이라는 숫자를 전면에 내세워서 사람들로 하여금 엄청난 호기심과 함께 관심을 얻어내는 데 성공했습니다. 이외에도 숫자는 다양하게 많이 사용됩니다. 그래서 사람들 머릿속에 아주 쉽고 간단하게 브랜드의 제품을 자리 잡도록 해줍니다.

숫자는 쉽습니다. 그래서 인지하기도 쉽지요. 또한 익숙합니다. 오랜 시간에 걸쳐 숫자가 내포하고 있고 연상되는 의미를 우리가 어느 정도는 알고 있습니다. 숫자는 쉽고 직관적으로 뾰족하고 엣지 있는 전략 컨셉을 통해 근사한 이미지를 얻을 수 있는 아주 좋은 치트키와 같은 방법입니다.

정반대 키워드로 표현하기

기존의 이미지를 비틀기

모든 사람이 그렇게 알고 있는 선입견 혹은 상식이라고 하는 사고방식을 뒤집으면 새로운 가치가 생깁니다. 상식의 반대 단어를 사용하면 거기에서 새로운 가치가 튀어나옵니다. 기존의 상식을 부정하고 뒤집어야 사람들의 머릿속에 새로운 상식이 들어갈 공간이 나오게 됩니다. 그러기 위해 사람들이 갖고 있는 상식을 찾아내는 게 먼저입니다.

욕실 세제, 립밤, 치약 등 평범한 생활용품으로 새로운 아이템을 낼 때마다 돌풍을 일으킨 사업가가 있습니다.

2024년에는 영화배우 로버트 다우니 주니어와 함께 해피 커피(Happy Coffee)라는 이름의 커피 브랜드도 선보였지요. 그는 바로 크레이그 두비츠키입니다. 현재 가장 영향력 있고 혁신적인 마케터 중 한 명입니다.

하루는 두비츠키가 대형 약국에서 구강 관리 코너를 구경했습니다. 그는 발치한 치아 사진 등을 붙여두고 마치 협박하듯이 구강 용품을 팔고 있는 모습이 이상했습니다. 이어 치약들의 성분표를 읽어보니 알코올과 사카린 등이 들어 있었다고 합니다. 거기에 트리클로산도 있는데, 이건 FDA가 손비누에 사용하지 못하도록 금지했던 성분이었지요. 심지어 다이어트 탄산음료에 금지한 사카린도 치약에 들어 있었다고 합니다. 당시의 상식은 입속 균이란 균은 모두 죽이고, 제거하고, 파괴해야 하는 것이라 생각했습니다. 두비츠키는 그 방식이 너무 무섭고 공격적이었다고 해요. 그래서 그는 완전히 반대의 접근법으로 구강 관리를 친근하게 만들기로 합니다.

공포 소구의 구강 관리에서 아름답고 자연스러운 구강 관리로의 변화를 꿈꿨던 것이지요. 그래서 치약의 이름을 헬로(Hello)라고 짓기로 합니다. 그가 떠올릴 수 있는 가장 친근한 단어였습니다. 그는 구강 청결제의 모든 성분을 바꿉니다. 알코올 인공 색소, 인공 감미료는 넣지 않고, 동물 실험을 한 원료도 넣지 않았습니다. 게다가 맛도 다양하게 구성합니다. 지금까지의 치약은 약간 화하고 시원한 느낌을 주는 것이 상식이었다면, 그는 여름의 맛이 난다는 오렌지 드림시클 맛, 오렌지 주스 맛, 블루 라즈베리 맛, 풍선껌 맛 등 다양하게 구성했습니다. '왜 하루를 시작하는 아침의 치약과 하루를 마무리하는 치약의 맛이 같아야 하지?', '왜 치약의 효능이 같아야 하지?'라는 의문을 품은 그는 아침과 저녁에 따라 취향에 맞는 다양한 맛의 치약을 사용할 수 있도록 구성하였습니다.

상식을 뒤집는 키워드

'Think small'은 폭스바겐(Volkswagen) 비틀의 광고 캠페인 중에서 가장 유명한 작품이자 20세기 최고의 광고 중 하나로 뽑히는 광고입니다. 이 작품은 1959년 미국 뉴욕의 광고 회사 DDB에서 만들었습니다. 처음 이 광고의 키워드를 봤을 때는 왜 그렇게 대단하다고 하는 것인지 이유를 알지 못했습니다.

독일의 폭스바겐 자동차를 처음 미국에 들여와서 판매를 집중한 지역이 어디였을까요? 당연히 뉴욕을 중심으로 한

동부 지역이었습니다. 미국의 인구와 비즈니스가 가장 집중된 지역이지요. 그런데 뉴욕은 흔히 유대인의 수도라고 불리는 곳입니다. 유럽에서 나치의 박해를 피해서 이민 온 유대인이 가장 많이 몰린 곳이 바로 뉴욕입니다. 유대인의 도시에서 히틀러의 자동차, 즉 나치의 자동차를 팔라는 얘기나 다름이 없었지요.

문제는 이 뿐만이 아니었습니다. 이 시대의 미국은 가장 살기 좋은 시절이었습니다. 제2차 세계대전 이후 미국은 세계 최강대국의 지위를 확실히 했고 내적으로는 중산층이 급속히 두터워지던 시기입니다. 당시 미국의 트렌드는 뭐든지 크게 만드는 것이었습니다. '큰 것이 좋은 것이다'라는 것이었지요. 도로도 대로 중심으로 만들었고 자동차도 계속 크게 만들었습니다. 집도 크게 지었습니다. 이런 큰 것이 트렌드인 곳에 들어간 폭스바겐은 미국인들 눈에 어떻게 보였을까요? 못생긴 작은 차에 불과했습니다. 이렇게 여러 가지 상황이 폭스바겐 비틀에겐 좋지 않았습니다.

그런데 이때 모든 불리한 상황을 바꿀 전 세계적인 이슈가 하나 터집니다. 바로 1차 오일 쇼크였습니다. 큰 차가 대세였던 미국 자동차 시장에서 기름값이 급속도로 오르게 되자, 큰 차들은 운행하지 못하는 일이 벌어졌습니다. 그때 폭스바겐은 'Think small'이란 캠페인을 진행합니다. 이제는 작은 것을 생각할 시기라고 말하지요. 기름값 때문에 큰 차에 대해 부담을 갖고 있던 소비자들은 작게 생각하라는 폭스바겐의 메시지가 강렬하게 다가왔습니다. 모든 이의 상식을 뒤집어버렸던 이 한마디로 폭스바겐은 여러 가지 어려움을 뚫고 미국 시장에 안착할 수 있는 발판을 마련합니다.

시장이나 트렌드, 그리고 업계 상품 서비스에 만연한 일반적인 상식을 적어보세요. 분명 그것들을 하나둘씩 찾아가다 보면 우리에게 필요한 아주 독하고 머릿속에 딱 달라붙는 컨셉을 발견할 수 있게 될 것입니다.

로버트 다우니 주니어와 두비츠키의 해피 커피

폭스바겐의 Think small

Part 3.

혁신을 만들어내는 위대한 전략가의 애티튜드

//
1.

어려운 일을
기어코 해내는
사람들

태도가 인생의 고도를 결정한다

'닉 부이치치'라는 이름을 기억하나요? 그는 태어날 때부터 장애를 가지고 있었습니다. 양쪽 팔과 다리가 없이 몸통에 허벅지와 발가락 두 개만 있는 모습입니다. 마음이 아플 정도로 큰 장애를 가지고 있습니다. 그런데 닉 부이치치는 이런 몸으로 얼마나 많은 사람들을 감동시키는지 모릅니다. 높은 다이빙대 위에서 뛰어내리고, 스케이트보드를 타고 서핑을 하고, 드럼을 연주하고, 너무나 자기 인생을 즐기고 기뻐하며 도전하고 그렇게 살아갑니다.

닉 부이치치는 어린 시절 자신의 몸에 대해 굉장히 낙담하고 좌절하면서 크나큰 우울증으로 세 차례나 자살기도를 했다고 합니다. 그러던 그는 신앙을 통해 마음을 다잡고 많은 사람들에게 용기를 주는 삶으로 변했다고 합니다. 최근에는 이전과 크게 달라진 것 없는 삶을 살면서 새로운 캠페인을 펼치고 있는데 그 문구가 눈길을 사로잡았습니다.

"Attitude is altitude(그 사람이 가진 태도가 그 사람 인생의 높이를 결정한다)."

어떤 삶의 태도로 세상을 보느냐가 그 사람의 인생을 결정한다는 말입니다. 동기 부여 강사로 유명한 지그 지글러도 이렇게 말합니다.

"당신이 가진 능력이 아니라 당신이 가진 태도가 당신 인생의 높이를 결정한다."

태도는 확실히 그 사람이 어느 위치에 서게 해주는지를 결정짓는 가장 핵심적인 요소입니다. 사실 앞의 래디컬한 브랜드를 만든 모든 이들이 지금의 자리에 있게 된 것도 그들이 가진 태도가 시작이었습니다. 태도는 결국 인생뿐 아니라 비즈니스 마케팅, 그리고 일의 시작이자 끝이기도 합니다.

요즘 시대의 이기는 전략가가 된 사람들의 태도는 어떤 모습일까요?

문제를 주도적으로
해결하려는 태도:
책임감은 신뢰를 만든다

2011년즈음 스마트폰 시장에 뛰어든 업계 3위의 팬텍의 베가 S 광고를 기획하던 때입니다. 그 당시는 스마트폰의 경쟁이 막 시작되던 시기였습니다. 삼성의 갤럭시에 대항하기 위해 팬텍은 베가라는 제품을 출시하여 맞불을 놓았습니다. 당시는 제품의 성능으로 맞붙던 시절이었습니다. 팬텍은 속도 우위를 강조하기 위해 베가 레이서라는 제품을 출시합니다. 그때 했던 광고 기획은 '그림자도 따라갈 수 없는 속도'라는 컨셉으로 이병헌 배우와 광고를 촬영하기로 했습니다.

보통 이병헌 배우 정도되는 모델은 광고 콘티를 전달한 후 촬영장에서나 만날 수 있는데, 그는 달랐습니다. 사전에 자신이 콘티를 보고 촬영 담당자들과 먼저 이야기를 나눠보고 싶다고 저희에게 연락을 주었습니다. 기획자인 저와 CD(creative director)가 가기로 했는데 우리는 조금 겁이 났습니다. 콘티가 좀 유치했거든요. 모델 입장에선 이런 광고를 찍으면 부끄러울 수도 있겠다, 싶은 콘티였습니다. '이병헌 배우가 못 찍겠다고 그러나 보다! 큰일났다!'란 생각으로 정신없이 소속사 사무실로 갔습니다.

여럿이 둥글게 모여 앉아 있는데 이병헌 배우가 이렇게 콘티만 봐선 이해가 잘 안 된다며 설명을 한번 해달라고 말했습니다. 설명이 끝나고 한 컷 한 컷 이건 어떻게 찍어야 하는지 물어보며 한 번도 싫은 내색하지 않고 컷마다 계속 아이디어를 제시했습니다. 이해가 되지 않으면 그냥 넘어가지 않고 하나하나 조목조목 물어보았던 모습이 기억에 남아 있습니다. 어떻게 하면 더 좋아지게 만들까 모델이 같이 노력해주는 모습이 참 인상적이었습니다.

딱 봐도 좋지 않은 콘티에 전혀 싫은 내색도 하지 않고 어떻게든 살려보려고 하는 마음에 같이 일하는 사람들에 대한 존중이 느껴졌습니다. 또한 어느 것 하나도 아무리 작은 일이라도 대충하지 않고 이것저것 핵심을 파악해보려고 질문을 끊임없이 하는 모습에 크게 감동을 했던 기억이 있습니다.

광고는 파주출판단지에서 촬영을 했습니다. 1월경이어서 날씨가 무척 추웠습니다. 파주는 더 춥지요. 봄에 나가는 광고에 패딩을 입고 촬영할 수는 없는 터라, 영하 10도의 날씨에 얇은 재킷 하나 입고 찍으면서도, 단 한 번도 빨리 찍자고 그만 찍으면 안 되냐는 말을 하지 않던 모습이 너무나 고마웠습니다. 결국엔 감독이 찍어달라는 대로 모든 장면을 다 찍었습니다.

이병헌 배우는 그 누구보다 책임감을 가지고 이 일에 임한다는 생각이 들었습니다. 해당 브랜드의 모델로서 시키는 대로 촬영하는 것이 아닌, 광고를 위해 더 좋은 자세를 보이고 문제를 주도적으로 해결하며 노력하는 모습을 볼 수 있었습니다. 전 이런 태도가 진정한 의미의 '책임'이라고 생각합니다. 책임은 문제를 주도적으로 해결하려는 태도입니다. 결과를 떠안고 고치려고 애쓰고 경험하는 과정이기도 하지요. 힘들고 귀찮고 하기 싫어도 도망치지 않고 지금의 책임 있는 행동으로 그는 저희 스텝들과 광고주로부터 최고의 신뢰를 쌓았지요. 그래서 그 다음 편의 광고도 이병헌 배우가 하게 되었습니다. 책임은 다른 사람들과 신뢰를 쌓는 지름길입니다. 그의 행동에서 보듯이 지금의 책임 있는 행동은 미래의 또 다른 기회를 만든다는 것을 알게 해준 사람이 바로 이병헌 배우였습니다.

한결같은 태도:
롱런의 이유

광고계에서 23년을 보내며 수많은 유명인들과 작업했지만, 유독 기억에 남는 얼굴이 있습니다. 바로 차승원 배우입니다. 그와는 2011년 팬택 베가와 최근 이사 어플리케이션 다이사, 서로 다른 브랜드로 두 번의 광고 촬영을 함께했습니다. 이 경험은 제게 브랜딩과 진정성에 대한 깊은 통찰을 주었습니다.

대부분의 광고 촬영장은 마치 살얼음판을 걷는 것 같습니다. 특히 유명 모델이 등장하는 촬영장은 더욱 그렇지요. 이상하게도 광고주가 고용한 모델임에도 불구하고, 많은 스타들은 촬영장에서 마치 절대 권력자처럼 군림합니다. 그러다가

재계약 시즌이 되면 갑자기 태도가 바뀌는 모습을 보며, 우리는 그들의 '진짜 모습'이 무엇인지 혼란스러워합니다. 하지만 차승원 배우는 달랐습니다. TV에서 보던 그 모습 그대로였지요. 예능에서 다른 연예인이나 PD를 대하듯, 대부분의 연예인이 무시하기 쉬운 광고대행사 직원들도 똑같이 대했습니다. 10년이라는 시간이 흘러도, 제가 말단 직원일 때나 회사 대표로 만났을 때나, 그의 태도는 한결같았습니다. 이런 진정성은 놀라운 결과를 만들어냈습니다.

첫째, 예측 가능성이 주는 안정감입니다. 대부분의 촬영장이 모델의 기분과 태도에 따라 롤러코스터를 타듯 불안한 것과 달리, 차승원 배우와의 촬영은 마치 편안한 놀이터 같았습니다. 우리가 아는 그 차승원이 그대로 있을 거란 확신이 있었기 때문이지요.

둘째, 진정성이 만드는 선순환입니다. 그의 한결같은 모습은 주변 사람들도 가면을 벗게 만들었습니다. 불필요한 위계나 긴장 대신, 서로를 진심으로 배려하는 문화가 자연스럽게 형성된 것이지요. 이런 차승원 배우의 모습은 현대 브랜딩에 중요한 시사점을 던져줍니다.

진정한 브랜드 파워는 화려한 변신이나 완벽한 이미지 관리가 아닌, 일관된 진정성에서 나온다는 것입니다. 차승원 배우가 30년 가까이 독보적인 배우로 살아남을 수 있었던 것은, 어쩌면 이 '한결같음'을 지키기 위한 치열한 내적 싸움의 결과일 것입니다.

 오늘날 많은 브랜드들이 트렌드를 좇아 끊임없이 변신을 시도합니다. 하지만 차승원 배우는 우리에게 다른 길을 보여줍니다. 자신의 본질을 지키면서도 시대에 맞게 진화하는 법, 그것이 바로 진정한 브랜드의 힘이 아닐까요? 우리에게 필요한 것은 더 화려한 변신이 아닌, 차승원 배우가 보여준 것처럼 본질에 충실할 수 있는 용기가 아닐까 생각해봅니다. '한결같다'는 것은 어쩌면 가장 과소평가된 브랜딩 전략일지도 모릅니다. 하지만 그것은 동시에 가장 강력한 차별화 포인트가 될 수 있습니다. 특히 모든 것이 빠르게 변하는 요즘 시대에는 더욱 그렇습니다.

어려운 일을 마주할 때
용기를 내는 태도:
제가 해볼게요

마크 엘리슨은 미국의 전설적인 목수입니다. 40년 가까이 목수 일에 전념했지요. '뉴욕 최고의 목수', '마스터 카펜터', '가장 어려운 일들에 도전해온 목수' 등 그를 수식하는 말들이 많이 있습니다. 그렇기에 다른 목수들이 할 수 없는 일이 생기면, 그를 찾습니다.

"마크에게 부탁합시다."

마크는 분명 그 일을 해낼 수 있다고 많은 사람들이 인정하고 있습니다. 대체 무엇이 그를 특별한 목수가 되게 해준 걸까요?

그는 설계 도면을 보고 '일이 어렵다'는 이유로 일을 거절한 적이 한 번도 없다고 합니다. 학위나 수학적인 능력, 설계 지식 등이 부족해서 어려움을 겪을지라도 그는 늘 도전했습니다. 전공자나 자격증 보유자들이 손사래 친 일을 자신만의 창의적인 방법으로 격파하는 데 기쁨을 느끼는 그런 사람이었습니다.

그가 남다르게 창의적인 방법을 찾아내고 도전을 이겨내는 감각을 얻을 수 있었던 핵심 요소는 결국 배움과 도전이었다고 그는 말합니다. 엘리슨은 재능이라는 단어에 얽매이고 싶어 하지 않습니다. 천부적, 재능 이런 것들을 강조하다 보면 재능이 해결할 수 없는 곳에서는 한 발자국도 더 나아가지 못한다고 생각합니다. 그래서 재능만 강조하면 배움이나 그를 통한 정진의 가치를 낮게 보는 경향이 있게 됩니다. 스스로 더 배워보려고 하지 않는 오만함이 생기게 되지요. 재능은 씨앗, 즉 가능성의 상태라고 그는 말합니다.

그는 모든 아이에게 재능이 있다고 생각합니다. 하지만 어떤 재능이 있거나 없는지 꼬집어서 아이에게 알려주는 것은 재능의 불씨를 꺼버리는 것이라고 생각합니다. 이 단어는 도전하기 위해 배우고 정진하는 것을 통해 얻게 되는 기쁨과 진정한 만족감을 앗아가는 것이라고 생각합니다.

그를 뉴욕 최고의 목수란 칭호를 받게 이끌어준 결정적인 삶의 태도는 그의 커리어를 도전적인 일들로만 가득 채웠다는 것입니다. 그가 일을 맡는 기준은 돈이 아니었습니다. 그 작업이 그에게 버거운지, 도전적인지를 최우선으로 두었습니다. 그리고 가장 어려운 일만 맡습니다. 엄두가 나지 않아 다른 사람들은 당황해서 뭘 해야 할지 모르는 일들을 맡아서 했습니다. 능력이 있으니 그런 일만 맡았다고 생각할 수도 있지만 그는 역량과 상관없이 자기에게 주어진 것 중 어려운 걸로만 고른다고 합니다.

"'제가 해볼게요!'라고 말할 용기를 가져야 그 사람에게 반드시 기회가 주어집니다. 그게 아무리 까다롭고 힘든 프로젝트라고 해도 주저할 필요가 전혀 없습니다. 물론 그로 인해 내가 해낼 수 있을까 의심하고 스트레스가 나를 괴롭힌다 할지라도 그런 정도의 희생은 참고 견뎌야 합니다. 그런데 이런 것들을 참고 해내다 보면, 남들이 모두 포기한 어려운 작업을 해낼 방법을 찾아내게 되면, 그때는 엄청난 즐거움과 만족감이 생기지요. 그래서 저는 그런 어려운 일을 맡는 것에 주저함이 없습니다."

누구나 두려움을 느낍니다. 아마 엘리슨도 마찬가지로 큰 두려움을 느꼈을 겁니다. 그렇지만 그는 남이 해내지 못하는 것을 본인의 노력으로 찾아내서 해결하는 것에 큰 기쁨을 느끼는 것이지요. 두렵지만, 내가 얻을 수 있는 커다란 기쁨(pure joy)이 있기에 두려움에도 불구하고 희생을 감당하면서 하는 것입니다. 그런 일들을 해야 내가 성장할 수 있기 때문입니다.

누구나 감당할 만한 일을 하면 성장은 없습니다. 결국엔 독보적인 존재가 되려면 그리고 지금의 나보다 더 나은 내가 되려면 두려움과 어려움을 골라서 선택해야 합니다. 세상에 안전한 선택은 없습니다. 안전한 선택이야말로 가장 위험한 선택입니다. 가장 어렵고 두려운 일을 골라서 하는 것, 이것이 이 세상에서 독보적이고 유일한 존재가 될 수 있는 또 하나의 전략은 아닐까요?

거절을 대하는 태도:
No는 실패가 아니다

요즘 힙한 사람들이 신는 러닝화가 두 가지 있습니다. 하나는 호카(HOKA), 다른 하나는 온러닝(On Running)이라는 브랜드입니다. 그중에서도 온러닝은 2010년 스위스에서 출발한 브랜드입니다. 컨셉인 '구름 위를 달리는 느낌'을 기반으로 제품을 만듭니다.

이 브랜드는 전 트라이애슬론 선수 출신 창업자인 올리비에 베른하르트가 자신이 편하게 신을 수 있는 신발이 필요해서 만든 것입니다. 트라이애슬론 선수로 여섯 번이나 우승할 정도로 전도유망했던 그는 37살에 염증으로 선수 생활을 은퇴합니다.

은퇴해도 러닝을 포기할 순 없었기에, 자신처럼 연약해진 발을 가진 사람들도 아주 가볍고 편하게 뛸 수 있게 해줄 신발이 필요했습니다. 그래서 그는 새로운 러닝화를 만들기로 마음을 먹었습니다. 하지만 러닝화는 몇 개의 주요 회사가 점령하고 있는 과점 시장입니다. 나이키, 아디다스(adidas), 뉴발란스(New Balance)의 점유율이 36퍼센트일 정도로 살아남기 힘든 시장입니다. 이런 시장에 그가 러닝화를 만든다고 했을 때 모두가 반대했습니다.

그렇지만 그는 다른 사람들이 모두 세상에 새로운 신발이 더 필요하다고 생각하지 않는다고 해서 못 만들 건 아니라고 생각했습니다. 자신이 생각한 '달리는 기분'을 표현해낼 수 있는 신발이라면 많은 러너들이 부상 때문에 러닝을 그만두는 일이 없을 것이고 그렇다면 분명 시장에서 좋은 결과를 얻어낼 수 있을 거라고 말이지요. 그는 자신의 신념을 담은 제품은 막강한 러닝화 시장의 난공불락인 브랜드들을 이길 수 있다고 확신했습니다.

베른하르트는 날아오를 것 같이 가볍고 발에도 무리가 없는 신발을 만들기 위해 여러 가지 실험을 했습니다. 그러던 중

정원에 있던 호스를 조각조각 잘라서 운동화 밑창에 붙여봤더니 자신이 생각했던 느낌을 받을 수 있었습니다. 달리는 발이 축을 딛고 도약을 할 때는 스프링보드를 밟은 것 같고, 착지할 때는 전체가 부드럽게 지지되었습니다. 무엇보다도 어릴 적 자신이 느꼈던 그 구름 위를 달리는 듯한 기분을 있는 그대로 받을 수 있었다고 합니다. 그는 곧장 이를 기반으로 시제품을 만들었습니다. 그걸 가지고 나이키에 가서 같이 만들어보자고 제안을 했습니다. 그때 나이키 담당자가 베른하르트에게 이런 말로 거절했다고 하지요.

"그런 기술이 가능했다면 이미 우리 개발 부서가 만들었을 거예요."

나이키 같이 크고 전문적인 회사가 그런 것은 만들 수 없다는 말을 했다면 의지가 꺾이기 마련입니다. 보통의 누군가가 자신이 구상하고 생각한 것을 검증받는 자리에서 거절당하면 한발 물러나거나 혹은 주저앉기 마련이지요. 그런데 베른하르트가 가진 삶의 태도가 하나 있었습니다. 그는 선수 시절부터 'No'를 실패로 받아들이지 않았다고 합니다. 그에게 'No'는 'Not right now(지금은 아니다)'였습니다. 즉, 이 사람들이 지금은 안 된다는 말이지, 자신이 틀렸다라고 생각하지 않았습니다. 내가 만든 신발이 지금은 적합하지 않지만, 언젠가는 반드시 다시 기회가 온다고 생각한 것입니다.

자기 자신의 자존감을 잃지 않는 태도, 자기 정체성이 틀리지 않았다고 생각하는 태도가 우리와 같이 겸손이 미덕인 사회에서는 갖기 힘든 것들은 아닌가 싶습니다. 우리는 'No'의 의미를 자꾸 'You are wrong(너는 틀렸다)'이라고 생각하는 것 같습니다. 어차피 인생엔 맞고 틀리고는 없습니다.

그는 자신이 틀리지 않았다는 마음을 놓치지 않았습니다. 그래서 처음 생각했던 온러닝의 컨셉을 구현하기 위해 직접 제품을 개발하고 생산하기로 마음먹었습니다. 만약 그가 그때 나이키의 거절에 상처받고 있었다면 어떻게 되었을까요? 러너들의 발을 보호해줄 수 있는 온러닝과 같은 브랜드가 생겨날 수 있었을까요?

거절에 넘어지거나 주저앉으면 안 됩니다. 거절은 그저 '지금은 아니'라는 관점으로 바꾸는 마음을 가질 수 있어야 세상에 없는 것을 만들 수 있습니다. 위대하고 대단한 비즈니스가 아니더라도, 나만의 아주 작은 것이더라도 오래도록 위대하게 유지하고 싶다면 자신이 생각하고 확신하는 것들에 대한 마음을 거절로 인해 놓치지 않길 바랍니다.

마음먹은 대로
해내고자 하는 태도:
누군가에게 도움이 되고 싶어

와카미야 마사코는 애플과 마이크로소프트가 주목한 세계 최고령 앱 개발자입니다. 82살인 2017년에 프로그래밍을 처음 시작했지요. 그리고 6개월 만에 스마트폰 게임을 개발했습니다. 이 게임 개발을 통해 애플의 공식 행사인 세계 개발자회의(WWDC)에도 초청되었습니다. 엑셀로 그림을 그리는 엑셀아트의 창시자로도 유명한 분입니다. IT 에반젤리스트로 스스로를 말할 정도로 노인들에게 기술은 어렵지 않다라는 것을 그녀 스스로 보여주고 있지요. TED 도쿄 무대에도 서고, 심지어 2018년엔 UN에서 기조 강연을 하기도 합니다. 80세가 넘은 한 노인이 펼쳐가고 있는 인생을 보고 있노라면 대단하다란 말밖에는 나오지 않습니다.

　마사코가 사람들에게 나타나기 시작한 것은 60세 정년 퇴직을 앞두고 구입한 컴퓨터 덕분이라고 말합니다. 자신보다 늙은 노모를 돌봐야 하기에 밖으로 나갈 수 없었던 그녀는 외로움을 달래기 위해 그저 사람들과 수다나 떨고 싶다는 마음으로 컴퓨터를 구입한 것이었는데, 이게 그녀의 삶을 바꾼 결정적인 계기가 되었다고 합니다. 그녀 입으로 자신에게 새로운 날개를 달아줬다고 말할 정도니까요. 이 컴퓨터를 통해 지금까지 틀어박혀 있던 좁은 세상에서 더 넓은 세상을 볼 수 있게 되었다고 합니다. 그러면서 자기가 누린 이 기쁨을 같은 노인들에게도 알려주고 싶었다고 합니다. 그래서 자신의 집을 노인들을 위한 컴퓨터 교실로 만들어서 워드프로세서와 엑셀을 가르쳤습니다. 이것도 스스로 컴퓨터 책을 몇 권이나 사서 읽으며 공부했습니다. 아주 소소한 바람으로 시작했던 컴퓨터가 자신과 비슷한 처지의 다른 노인들에게도 누군가와 이어질 수 있는 기술을 가르쳐주고 싶다는 계기가 된 것이지요.

　마사코는 2017년 노인을 위한 스마트폰 게임인 히나단(Hinadan)을 개발합니다. 손동작이 느린 노인에게 맞춘 간단한 기능과 노인에게 친근한 주제로 되어 있으면서, 노인이 젊은 사람을 이길 수 있는 시스템으로 만들었습니다. 그저 게임을 하는 것으로 그치는 게 아니라, 게임을 통해 노인들에게 자신감도 심어주고 싶은 마음에서 이 게임을 만듭니다.

매년 3월에 열리는 일본의 전통 축제 '히나 마츠리'에서 게임의 내용을 착안했습니다. 히나 마츠리 때 입는 전통 의상으로 인형을 꾸미고 정해진 규칙에 맞춰 인형을 줄 세우는 게임입니다. 노인들이 젊은 세대보다 전통 행사에 대해 많이 알고 있기 때문에 젊은이보다 노인이 더 잘할 수 있는 게임입니다.

프로그래밍에 대해서는 초보인 마사코는 비대면 교육을 받으며 매일 코딩 책도 읽고 혼자만의 방법으로 이것저것 배우기도 했지만, 그녀가 6개월 만에 앱을 만들 수 있었던 것은, '부딪히며 배우기'였다고 합니다. 일단 해보고 안 되면 다시 하고 고치며 배웠습니다. 마사코는 실패에 대한 두려움도 컸다고 합니다. 그러자 자신이 너무 앞을 내다보고 그것을 이루지 못할까 봐 두려워하는 모습을 발견했습니다. 그러지 말고 내 앞에 주어진 오늘만큼의 게임을 만들어보자는 마음이 생기니 두려움이 사라졌다고 합니다.

노인들에게 날개를 달아주고 싶고 노인들을 세상과 이어주게 하고 싶다는 마음은, 자신이 노인이니까 그 마음을 이해하고 그들의 욕구를 알았기에 이렇게 노인을 위한 게임을 만들 수 있었다고 그녀는 말합니다. 물론 누구나 자기와 같은 사람들을 도와줄 무엇인가를 해보고 싶다는 마음은 가질 수는 있습니다. 모든 사람에게 좋은 아이디어는 있어도 그걸 해낼 수 있는 사람과 그렇지 못한 사람이 가지는 결과는 분명 다르다는 것을 마사코를 통해 알 수 있습니다. 그녀는 머릿속에 좋은 생각을 가지고 있는 것을 '나는 나이가 많으니까 못 만들 거야'로 그냥 묻어두지 않고, 실제로 자신만의 생각을 옮겨서 해보려고 하는 태도 덕분에 이런 일을 해낼 수 있었다고 합니다. 그녀는 저서 《나이 들수록 인생이 점점 재밌어지네요》에서 이렇게 말합니다.

"이 격동의 시대에서 배운 것이 있다면 '누구도 정답은 알 수 없다'라는 점입니다. 그래서 여러 가지 정보를 수집하고 조금이라도 스스로 답을 찾기 위한 노력을 게을리 하지 말아야 한다고 생각합니다."

누군가에게 도움이 되어야겠다는 마음, 그 마음을 포기하지만 않으면 80세가 넘어도 게임을 만드는 프로그래머가 될 수 있다고 그녀는 말합니다. 실패도 하고 포기하고 싶고 그렇지만, 절대로 꺾이지 않아야 하는 것은 처음 마음먹었던 그 신념입니다. 신념만 꺾이지 않으면 무엇이든 만들 수 있고 될 수 있습니다. 그런 마음의 태도만 확고히 가지고 실행할 수 있다면, 이 시대의 가장 위대한 브랜드인 구글과 유튜브에게 주목을 받을 수도 있습니다.

남들이 하지 않는 걸
꾸준히 축적하는 태도 :
지금, 당장, 매일 업로드해

매일 하루에 하나씩 브이로그 동영상을 올려 1,200만 구독자를 보유한 브이로그 유튜버인 케이시 나이스탯이 있습니다. 1,200만 구독자를 가진 유튜버이자 필름 메이커입니다. 유튜브의 콘텐츠는 브이로그입니다. 그는 그만의 독창적인 브이로그 스타일이 있으며 일상적인 주제도 흥미롭게 풀어내는 뛰어난 스토리텔링 능력을 가지고 있습니다. 그의 비디오는 항상 하나의 이야기를 중심으로 전개되며, 시청자들이 몰입할 수 있게 만드는 특징을 가지고 있습니다.

케이시는 자신의 성공과 실패, 기쁨과 슬픔을 가감 없이 공유하며, 진정성 있는 모습을 보여줍니다. 이러한 솔직함이 많은 사람들에게 공감을 불러일으키고, 신뢰를 쌓는 데 큰 기여를 했습니다. 그런 덕에 그는 HBO의 다큐멘터리인 〈나이스탯 브라더스〉를 직접 제작하고 출연하기까지 합니다. 그렇지만 이런 여러 가지 성공 요인들은 사실 그가 해온 한 가지 행동이 만들어준 선물일 뿐입니다. 1,200만 구독자도 그렇고 세계 최고의 영상 퀄리티를 갖춘 콘텐츠를 만드는 HBO 다큐멘터리를 만들고 출연까지 하게 된 것도 그렇고, 진정성 있는 콘텐츠를 만들어서 수많은 사랑을 받는 브이로그 콘텐츠의 형태를 만든 것도 모두가 그가 매일 꾸준히 하루에 하나씩의 동영상을 올리면서 얻게 된 결과물입니다.

케이시도 유튜버가 된 이후로 슬럼프를 겪게 됩니다. 독창적인 브이로그 영상 스타일로 어느 정도의 구독자는 얻게 되었는데 어느 수준에 다다르니 더 이상 성장하지 않는 모습을 보고 큰 좌절에 빠졌다고 합니다. 그래서 300만 구독자를 가진 동료 유튜버에게 왜 구독자가 늘지 않는지 상담을 했습니다. 그랬더니 동료 유튜버는 아주 간단하게 말했습니다.

"지금, 당장, 매일 업로드해(Just, keep uploading, now)."

그 이야기를 듣자마자 머뭇거리지 않고 매일매일 브이로그를 업로드했습니다. 그렇게 매일매일 영상을 올리면서 자신이 부족한 게 뭔지, 사람들이 원하는 게 뭔지를 고민했고, 그 결과물을 영상에 담으면서, 자신만의 스타일을 구축할 수 있게 되었다고 말합니다. 자신은 매일 영상을 만들면서 점점 더 정신적으로 단단해졌고, 자신이 원하는 것과 하고 싶은 것이 무엇인지를 알게 되었다고 합니다. 또한 내성적이라 선글라스를 끼고 살았지만 영상을 매일 꾸준히 올리는 행위를 통해서 도전 정신도 생겼다고 합니다. 이렇게 영상을 올리면서 얻게 된 작은 성취는 그에게 자신감을 주었고, 꾸준히 열심히 매일 조금씩 하면 못하는 게 없다고 생각했습니다. 매일 영상을 올리고 자신을 고치면서 자신감도 갖게 되었습니다. 그리고 자기 자신은 마음먹고 하고 싶은 일이 생기면 언제든 도전할 수 있는 능력도 생겼다고 그는 말합니다.

오마하의 현인이라고 불리는 투자의 천재 워런 버핏의 삶의 태도도 나이스탯의 태도와 별반 다르지 않아 보입니다.

"나는 여전히 하루에 500페이지를 읽습니다. 그렇게 지식은 복리로 불어나죠. 모든 사람이 할 수 있지만, 대부분은 그렇게 하지 않죠."

남들이 하지 않는 것을 꾸준히 하는 것, 그것은 당장에 큰 이득은 얻기 어렵지만 시간이 지나면 지날수록 복리로 늘어나는 돈과 같은 것이 됩니다. 지금 당장 대박을 꿈꾸고 바라는 이 시대에서 꾸준히 오래오래 포기하지 않고 하는 것이야말로 언젠가는 위대하게 만들어질 장기 투자 전략이 아닐까 싶습니다.

Epilogue
래디컬의 시대를 살아가는 당신에게

"이런 전략이 우리나라에서 통할까요?"
"너무 이상적인 이야기 아닌가요?"
"우리 시장은 좀 다르지 않을까요?"

이 책을 쓰는 내내 가장 많이 받았던 질문들입니다. 래디컬 전략, 파격적인 시도…. 너무 이상적인 것 아니냐는 우려의 목소리도 많았지요. 솔직히 저도 처음에는 이런 고민이 있었습니다. 하지만 지금 이 순간에도 전 세계 어딘가에서는 누군가가 새로운 도전을 시작하고 있고, 그 도전이 우리의 일상을 바꾸고 있습니다.

더 이상 로컬이 아닌 세상

유튜브를 통해 한국의 술자리에서 하는 게임의 노래가 전 세계인의 입방아에 오르고, 국내의 어느 작은 브랜드의 바이럴 영상이 순식간에 글로벌 트렌드가 되는 세상입니다. K-콘텐츠의 힘을 논하기 이전에, 이제는 콘텐츠에 국경이 없다는 사실을 인정해야 할 때입니다.

특히 MZ세대와 잘파세대의 소비 패턴을 보면 더욱 분명해집니다. 그들이 원하는 것, 그들이 반응하는 것은 놀랍게도 전 세계가 비슷합니다. 넷플릭스의 같은 시리즈에 열광하고, 같은 밈으로 웃으며, 같은 트렌드를 공유하지요. 이제 우리는 더 이상 '이건 미국에서나 가능한 일'이라고 말할 수 없게 된 것입니다.

두려움과 마주하기

하지만 여전히 많은 사람들이 망설입니다.

"이래도 될까?"
"나는 할 수 있을까?"
"다른 사람들이 어떻게 생각할까?"

"실패하면 어쩌지?"

이런 고민들이 자연스럽지 않다면 그게 오히려 이상한 일일 것입니다. 솔직히 말하면, 래디컬 전략을 실행하는 것은 결코 쉽지 않습니다. 아니, 어쩌면 불가능에 가까울 수도 있습니다. 하지만 여기서 중요한 것은 '시도' 그 자체입니다.

제가 20년 이상 광고계에 있으면서 만나본 수많은 성공한 마케터들의 공통점은 하나였습니다. 실수를 두려워하지 않는다는 것, 완벽하지 않더라도 가치 있다고 판단되면 시도한다는 것, 때로는 주변의 우려 섞인 시선도, 실패의 가능성도 기꺼이 감수한다는 것입니다.

실패해도 괜찮아

제가 경험한 가장 값진 교훈 중 하나는, 실패가 결코 끝이 아니라는 것입니다. 오히려 그 실패가 다음 성공의 밑거름이 되는 경우를 수없이 보았습니다. 실패는 우리에게 무엇이 통하지 않는지, 어떤 부분을 개선해야 하는지 알려주는 가장 확실한 선생님입니다.

물론 모든 시도가 성공으로 이어지진 않을 겁니다. 하지만 시도조차 하지 않는다면, 그것이야말로 가장 큰 실패가 아닐까요? 해볼 가치가 있는데 그저 두려움 때문에, 혹은 완벽하지 않다는 이유로 미루다 보면, 그 기회는 영영 돌아오지 않을 수도 있습니다.

당신만의 래디컬을 찾아서

래디컬 전략이 꼭 거창한 것일 필요는 없습니다. 때로는 작은 변화, 작은 시도가 시장을 뒤흔들 수 있지요. 중요한 것은 그 변화가 진정성 있고, 자신만의 색깔을 담고 있느냐 하는 것입니다. 제가 만난 한 뷰티 브랜드 마케터는 이런 말을 했습니다.

"처음에는 너무 두려웠어요. 하지만 우리가 정말 하고 싶은 이야기를 하기 시작하자, 오히려 소비자들이 더 열광하더라고요."

이처럼 래디컬 전략의 시작은 종종 우리 안에 있는 진짜 이야기에서 시작됩니다.

이제 당신 차례입니다

지금 이 순간에도 머릿속에는 수많은 아이디어가 있을 것입니다. 어쩌면 너무 파격적이라 실현 불가능해 보이는, 어쩌면 주변에서 미쳤다고 할 법한 그런 아이디어 말입니다. 하지만 기억하세요. 세상을 바꾸는 모든 혁신적인 전략들은 처음에는 '미친 생각'이라고 불렸다는 것을.

우리는 이제 그 어느 때보다 빠르게 변화하는 시대를 살고 있습니다. 이런 시대에서 안전한 선택만을 고집하는 것이야말로 가장 위험한 선택일 수 있습니다. 자신이 가진 그 '미친 생각', 그 래디컬한 아이디어야말로 이 시대가 필요로 하는 것일지도 모릅니다.

이 책이 당신의 '미친 생각'을 실현하는 데 조금이나마 도움이 되었기를 바랍니다. 그리고 언젠가 당신의 성공 스토리가 이 책의 다음 개정판에 실릴 수 있기를 진심으로 기대합니다.

당신의 래디컬한 도전을 응원합니다.

슈퍼 포지셔닝의 전략가들

초판 1쇄 인쇄 2025년 4월 7일
초판 1쇄 발행 2025년 4월 30일

지은이 김동욱
펴낸이 이새봄
펴낸곳 래디시

디자인 굿베러베스트
마케팅 윤민영
교정교열 윤혜민

출판등록 제2022-000313호
주소 서울시 마포구 월드컵북로 400, 5층 21호
연락처 010-5359-7929
이메일 radish@radishbooks.co.kr
인스타그램 instagram.com/radish_books

ISBN 979-11-93406-06-9 (03320)
ⓒ 김동욱, 2025

- 책값은 뒤표지에 있습니다.
- 잘못 만들어진 책은 구입하신 서점에서 교환해드립니다.
- 이 책은 저작권법에 따라 보호받는 저작물이므로 무단전재와 무단복제를 금합니다. 이 책의 전부 또는 일부를 이용하려면 반드시 사전에 저작권자와 래디시의 서면 동의를 받아야 합니다.

'래디시'는 독자의 삶의 뿌리를 단단하게 하는 유익한 책을 만듭니다.
같은 마음을 담은 알찬 내용의 원고를 기다리고 있습니다.
기획 의도와 간단한 개요를 연락처와 함께 radish@radishbooks.co.kr로 보내주시기 바랍니다.